国家自然科学基金资助（71701212）
中南财经政法大学中央高校基本科研业务费专项资金资助（2722020JCT021）

面向网络零售商的
批量库存模型研究

徐浩轩　著

WUHAN UNIVERSITY PRESS
武汉大学出版社

图书在版编目(CIP)数据

面向网络零售商的批量库存模型研究/徐浩轩著．—武汉：武汉大学出版社,2020.11
　ISBN 978-7-307-21806-2

　Ⅰ.面…　Ⅱ.徐… 　Ⅲ.网上销售—仓库管理—系统模型—研究
Ⅳ.F713.365

中国版本图书馆 CIP 数据核字(2020)第 182823 号

责任编辑:胡　艳　　　责任校对:李孟潇　　　整体设计:马　佳

出版发行:**武汉大学出版社** 　(430072　武昌　珞珈山)
　　　　(电子邮箱:cbs22@whu.edu.cn　网址:www.wdp.com.cn)
印刷:广东虎彩云印刷有限公司
开本:720×1000　1/16　印张:8.75　字数:120 千字　插页:1
版次:2020 年 11 月第 1 版　　2020 年 11 月第 1 次印刷
ISBN 978-7-307-21806-2　　定价:35.00 元

前　　言

　　本书在著者博士论文的研究基础上，总结了国家自然科学基金青年项目"基于数据驱动的网络零售商动态批量库存模型研究"（71701212）以及中南财经政法大学中央高校基本科研业务费青年教师创新项目"电商环境下基于信息驱动的库存管理研究"（2722020JCT021）的部分研究成果。

　　近年来，我国的网络购物经济蓬勃发展，网络零售市场规模日益壮大。但与此同时，各类网络零售商之间的竞争也越来越激烈，这使得网络零售业务的利润通常较微薄。在此背景下，经历了"不计成本，抢夺市场"的粗放式发展阶段之后，网络零售商们开始愈发注重精益化运营，以控制成本。本书聚焦于寻找科学有效的管理方法来帮助网络零售商降低运营成本，从而提升竞争力。

　　网络零售商的运营成本主要来自与订单履行相关的一系列活动，其中，围绕库存的补货与订单发货配送过程更是占据了成本的主要部分。在进行库存补货与发货决策时，许多 B2C 网络零售商采用 MRP 系统中以批量模型为核心的模块来执行。然而，现有的大多数批量模型主要是针对传统生产制造性企业中的库存问题，在网络零售环境下应用效果却不佳。因此，非常有必要针对网络零售商的相应特征来构建合适的批量模型，以优化其库存补货与发货决策。

　　本书研究了实际网络零售企业中存在的库存补货与发货问题。网络零售业务虽然复杂多变，但各类信息与数据充足是其鲜明特点。在此基础上，本书结合批量模型的理论知识，综合运用多种定量的研究方法与技术，针对网络零售情境下有着不同需求信息特征的产品，以及不同运营模式的特点，构建了多种批量库存模型，并在数学分析的基础上，为模型设计了求解算法。这些算法能够轻易地在企业信息管理系统的相应模块上编程实现，进而得到一定程度的应用。

在本书的写作过程中，受到了华中科技大学管理学院张金隆教授、法国里昂商学院龚业明教授的悉心指导。同时，法国巴黎东大 ESIEE Paris 储诚斌教授对书中部分算法的设计进行了详细指导。在此，笔者对导师们的帮助表示诚挚的谢意。

现实中网络零售商的库存管理问题繁多，本书仅仅研究了其中很小的一部分，适用性有限。笔者期待有更多相关的研究出现，以助力我国网络零售行业迈向低成本、高质量的精益发展之路。由于作者理论水平和实践经验有限，书中难免有不足和疏漏之处，望广大读者批评指正。

徐浩轩

于中南财经政法大学

2020 年 10 月

目　　录

1

第1章 绪 论

1.1 背景介绍

1.1.1 研究背景

我国的网络购物经济正处于高速发展阶段,根据第 37 次中国互联网络发展状况统计报告,截至 2015 年 12 月底,全国开展在线销售的企业比例为 32.6%,且仍在快速增长;网络购物用户规模增长至 4.13 亿,较 2014 年年底增加 5183 万,增长率为 14.3%,网民中使用网络购物的比例由 55.7% 增至 60%①。另据 2015 年发布的中国网络购物市场研究报告,2014 年我国网络零售规模交易额达到 2.79 万亿元,较上年增长 49.7%,相当于同期社会消费品零售总额(26.2 万亿元)的 10.6%②。不仅仅是中国,许多其他国家和地区也都在进入一个网络购物经济快速发展的时代。例如,根据著名研究机构福雷斯特(Forrester)的预测报告,美国在 2015 年的网络零售交易额为 3340 亿美元(占社会零售总额的 10%),并将以年均 10% 的速率增长,于 2019 年达到 4800 亿美元;欧盟地区网络零售额的年均增长率更是高达 12%,在 2018 年将增至

---

① 数据来源:第 37 次中国互联网络发展状况统计报告,2016。
② 数据来源:2014 年中国网络购物市场研究报告,2015。

2339 亿欧元①。

　　繁荣的网络购物市场给企业带来了新的发展机遇，但也带来了诸多挑战。首先，纷繁而至的各类网络零售商使整个在线零售行业的竞争变得更加激烈，它们之间不但有价格上的传统竞争，而且还有订单配送服务效率的竞争，更有订单交付后的售后竞争。其次，随着越来越多传统零售企业拓展网络渠道的业务，以及一些线上企业开始尝试线下经营的方式，网络零售商不再只有单一的运营模式，而是在一个多种渠道并存的环境中开展各类销售业务。复杂的多渠道经营环境，也使网络零售商在供应链管理，以及销售渠道之间的协调上面临许多问题。最后，在高速发展的互联网背景下，顾客的需求越来越丰富，不断地朝多样化、精细化方向发展，网络零售商不得不推陈出新，探索有竞争力的商业模式，充分利用实时信息来提高自身的运营与服务水平。而在此过程中，就会不断地出现新的问题，等待着网络零售商去解决。尽管开始拓展网络零售业务的企业越来越多，细化销售类别的 B2C 商城也层出不穷，但网络零售商的利润却非常低。因此，面对日益激烈的市场竞争，以及内部运营过程中的各类问题，如何通过科学有效的管理方法来降低运作成本，对于网络零售商提高自身的竞争力有着重要意义。

　　网络零售商的运作成本主要来自与订单履行相关的一系列流程，如向供应商采购来对中心仓库进行补货，不同仓库之间的转运调货，仓库内工作人员根据订单信息拣货、分拣、装箱，包裹被装车配送，等等。其中，库存的补货和订单的发货配送过程更是占据了成本的主要部分。现代企业通常借助先进的管理信息系统来管理企业的决策和运作，网络零售商也不例外。许多 B2C 网络零售商(如亚马逊、京东商城)在管理产品的库存补货时，会采用 MRP 系统。在 MRP 系统中，经济批量模型

---

　　① Mulpuru S, Boutan V, Johnson C, et al. Forrester research e-Commerce forecast, 2014 to 2019 (US)[R]. Forrester Inc, 2015.

　　Beeson M, Gill M, Evans P F, et al. European online retail forecast: 2013 to 2018 [R]. Forrester Inc, 2014.

(economic order quantity，EOQ)是处理库存补货等相关问题的核心，离散型动态批量模型(dynamic lot sizing，DLS)更是解决一些大型的、复杂的补货和发货计划问题的基础。虽然各种各样的批量模型在解决实际问题时发挥着重要作用，但主要针对的是传统生产制造型企业。由于缺乏定制化的批量模型，大部分网络零售企业只采用一些基础而简单的模型来解决所有的补货与发货问题，可能并非合理的应用。网络零售商有着许多与传统企业不同的特征与运营模式，例如，顾客需求到达时不会立即被满足，而需要等待一定时间来被处理；可能会在多渠道环境下经营，同时存在线上与线下销售业务；拥有更多的方式捕捉各类实时信息以辅助决策；等等。另外，有的大型网络零售商(如亚马逊等)会售卖数以千计类别的产品，也有网络零售商(如小米网上商城等)则专门售卖少数几种产品，每种产品本身的特征与顾客需求特征也大不相同。因此，非常有必要针对网络零售商的相应特征构建合适的批量模型，来为库存补货和发货决策提供定制化的优化帮助。

运作管理领域的学者大多关注网络零售企业的宏观供应链协调与配置问题，以及微观层面的订单履行操作问题，与网络零售商库存管理相关的研究也集中在库存协调与分配等政策上。关于库存补货与发货问题的研究主要为采用一些随机库存模型进行优化决策，如基准库存(base-stock)模型。而在实际中，如前文所述，网络零售商大多采用以批量模型作为核心的 MRP 系统来管理库存补给与发货计划，然而文献中却基本没有采用批量模型来解决相应问题的研究。另外，学者们对生产与制造等传统企业中各种情形下的补货与发货计划问题构建了许多批量模型，但由于行业特征的差别较大，这些模型很难适用于网络零售企业。因此，本书根据网络零售商及其仓库补货和订单配送活动的特征，构建了多个批量模型来解决相应的问题。本书所涉研究课题既深化了运作管理领域关于网络零售商库存管理政策的研究，也拓展了批量模型在新兴网络零售环境下的应用研究。

3

1.1.2　本书研究目的与研究方法

1. 研究目的及意义

本研究的主要目的就是帮助网络零售商设计合适的批量库存模型,在动态的竞争环境中优化补货与发货的决策方法,从而减少相应的运作成本,具体体现在以下四方面:首先,网络零售商的经营特征和供应链运作有别于传统企业,在为补货及发货问题构建合适的批量模型之前,有必要对网络零售商进行深入的了解。所以,本研究的目的之一就是分析网络零售商及其整体供应链运作的特征,并重点探讨其补货和发货的运作流程,为模型设计提供相应的问题背景。其次,一部分网络零售产品的需求信息非常确定,且顾客在下订单后会默认等待一段时间,直到需求被满足,这就为网络零售商提供了宝贵的提前需求信息(advance demand information,ADI)。在随机库存政策下,提前需求信息的价值已经被充分挖掘,但在确定性动态批量问题中,则还未被研究。因此,本研究的第二个目的就是探究网络零售环境下考虑提前需求信息的动态批量补货问题。再次,当网络零售商售卖新产品时,对于顾客的需求往往是很不确定且难以预测的,但是,如果该产品是换代品或有其他类似替代品,就有方法预测其需求。于是,本研究目的之三就是研究网络预售新产品的补货问题,利用 BASS 模型预测这种新产品的需求,把预售期看成是缺货期,来探讨起始有缺货情形下的连续时间批量补货问题。最后,还有一些网络零售产品的需求信息可以通过较好的预测方法来准确获取,如亚马逊就根据最新的需求预测技术申请了一项名为"预判发货"(anticipatory shipping)的专利,它可以在顾客还未下订单之前,准确预测该需求,然后将货物提前配送至离需求发生点最近的配送站,从而等顾客下订单后以最快速度满足需求。本研究的目的之四就是在预判发货应用的背景下,构建存在不同成本结构的两种运输模式的动态批量配送模型,来解决对应的订单发货问题。

本研究从网络零售商实际存在的补货和发货问题出发，结合已有文献中关于批量模型的理论知识，构建了多个能够解决不同问题的批量补货与发货模型。本研究具有重要的理论与实践意义。

1）理论意义

针对网络零售商及其供应链运作的特征，提出了已有文献中未曾研究的批量补货与发货新问题。基于问题的特点，从零售商角度出发，构建了定制化的离散时间动态和连续时间批量补货和发货模型，并对模型进行了最优性质分析，以及求解方法设计，对相应的建模和算法理论进行了扩充。首先，对于易获取需求信息的成熟产品，结合零售商利用网络平台销售产品时可以延迟处理顾客需求的特点，将提前需求信息理论引入到动态批量模型中，同时结合需求优先级理论，在网络零售商拥有多种销售渠道的背景下，构建了新的动态批量补货模型。然后，在需求时间窗理论的基础上，将考虑提前需求信息的动态批量模型重新建模，得到了能够解决多种网络零售情境下的统一动态批量模型。接着，针对不易获取需求信息的新产品，将 BASS 需求扩散理论与连续时间批量模型理论结合，构建了适用的补货模型。最后，为了解决网络零售商采取"预判发货"策略下的发货问题，本研究还构建了一个双配送模式的动态批量发货模型，并引入了网络流理论的方法对问题重新建模，使问题分析与求解变得简单。在这些特定背景下的批量补货与发货模型，都具有非常好的可拓展性，从而丰富了相关研究领域的理论。

2）实践意义

本研究从网络零售商及其运营特征的角度出发，构建了基于多种实际情况下的批量补货和发货模型，并针对每种模型采用了不同的技术方法进行性质分析与算法设计。许多网络零售商在其订单履行中心都使用了先进的资源管理系统，其中就会包含类似 MRP 的一些与补货和发货等决策相关的管理模块，这些模块都提供良好的编程环境，本研究得到的算法能够由编程人员在这些模块上方便地实现，进而得到应用。这些算法还可以由任何一种编程语言实现，为网络零售商节省了高额的智能

5

优化软件购置费用。另外，本研究中的多种模型还是解决其他更为复杂问题的基础，如多层级补货问题、多产品协调补货问题、有能力约束的批量问题等，在实际应用中具有良好的可扩展性。

2. 研究方法

本研究考虑实际网络零售企业中存在的库存补货与订单发货问题，结合离散时间动态批量模型和连续时间批量模型的理论知识，综合运用了多种定量的研究方法和技术，针对网络零售情境下有着不同需求信息特征的产品，以及不同运作模式的特点，构建了多种批量补货和发货模型，并对模型进行了详尽的数学性质分析，以及求解算法设计。具体而言，本书主要运用了以下几种研究方法：

1）调查研究

笔者走访了实际的网络零售企业，参观了其中一些仓库与订单处理中心，详尽地了解了网络零售商运营的特征，并对其围绕订单履行的供应链体系中的一系列运作流程进行了深入分析。另外，重点调查了实际中网络零售商的库存补货与订单发货运作过程，也认识了其中存在的一些问题。

2）文献分析

笔者收集整理了国内外关于网络零售环境下有关供应链管理，尤其是库存管理方面的研究，以及关于离散时间动态批量模型和连续时间经济批量模型的研究。同时，对相关文献进行了归类总结，着重分析了各领域中与本书相关的研究，并发现了其中尚待研究的问题，强调了本研究的理论贡献。

3）数学建模

本书采用了多种数学建模的方法，主要体现为混合整数线性规划和微分方程，对多种批量补货和发货问题构建了模型。例如，利用混合整数线性规划技术为多种网络零售情境下的库存补货问题构建了考虑提前需求信息的动态批量模型；为"预判发货"应用背景下的发货问题构建了双模式批量配送模型；利用微分方程组为网络预售新产品的补货问题构建了连续批量模型。

4）网络流技术

引入网络流规划的方法，将一些特别复杂的数学模型进行模型转换，从而使问题在网络流模型中变得直观易懂，也给问题的分析带来了便捷。例如，本书在"预判发货"背景下的双模式批量配送问题中，采用了网络流方法，将混合整数规划模型重新构建为一个单起点多终点的三层网络流模型。

5）算法设计

在多种数学和网络流模型的基础上，本书对最优解性质进行了详尽的分析。针对离散时间动态批量模型，主要采用了动态规划技术，为不同问题设计了定制化的多项式时间最优求解算法；而对连续时间批量模型，则采用了微分求导、黑塞矩阵求极值等方法，为对应问题求得最优解析解。

1.2 相关理论与研究动态

本书研究网络零售商的批量库存补货与发货问题。针对不同产品和顾客的需求特征，以及不同的网络零售模式，本研究试图构建定制化的批量模型以供网络零售商进行库存补给和发货配送决策。因此，与本书相关的研究主要分为两类：一类为网络零售商的库存管理研究，另一类为批量模型研究。其中，网络零售商主要有两种，一种为纯在线运营的网络零售商，另一种为线上线下都经营的跨渠道零售商。网络零售商库存管理研究则主要包括订单履行中心的补货与发货配送等相关的一系列运作活动。批量补货和发货是供应链管理过程中库存管理与控制的重要环节，从需求角度出发，主要包括确定性批量问题和随机性批量问题。本书研究的批量补货与发货问题都是在确定性需求环境下考虑的。因此，本书首先分析了网络零售商的库存管理研究现状，然后分别从离散时间动态批量模型和连续时间批量模型两方面对确定性批量问题的相关研究进行梳理和归纳，相关理论和研究综述范围界定如图 1-1 所示。

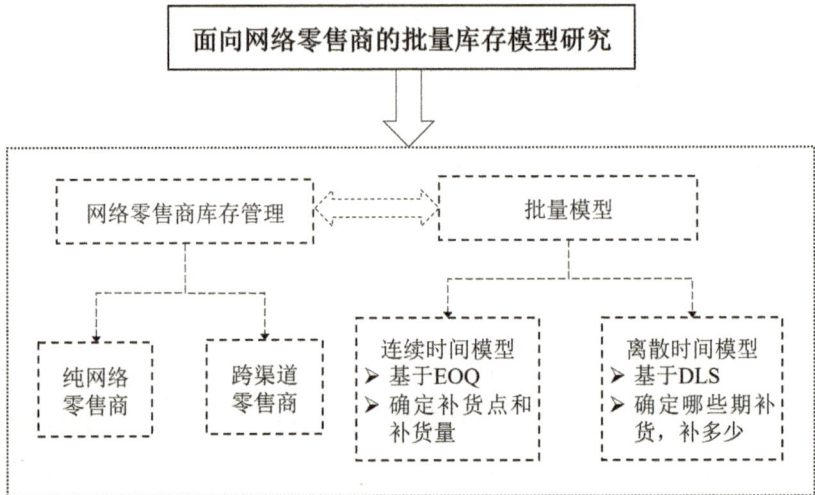

图 1-1　相关理论和研究综述范围界定

1.2.1　网络零售商库存管理研究

网络零售(online retailing)是指消费者利用浏览器直接在互联网上购买物品或服务的电子商务形式。随着网络技术的发展，广义的网络零售也包括消费者利用手机浏览器、手机应用程序(App)等多种购买商品和服务的移动商务形式。对于网络零售商来说，其供应链管理主要是围绕着订单履行(order fulfillment)相关的一系列运作活动，如订单履行中心从供应商补货，多个订单履行中心间的调运转货，订单履行中心内部的货物存储、拣选、分拣、打包，以及从履行中心配送订单包裹到顾客手中，等等。当然，时下多数网络零售商在多渠道的环境中运营，不仅有网络直销的渠道，还有线下销售的渠道。这类网络电商的供应链管理问题就更为复杂，往往要处理多个渠道间的协调问题。

关于网络零售商企业的供应链管理和订单履行问题，已有文献中有许多综述研究。例如，一些学者从电子商务的实施应用对供应链管理影响的角度做了概述研究（Johnson 和 Whang，2002；Gupta 等，2009）。Swaminathan 和 Tayur（2003）从供应链问题的可见性、供应商的关系、分销战略和定价、产品定制化和实时的决策技术等方面对电子商务环境下与供应链模型相关的研究做了综述。Agatz 等（2008）讨论了多渠道环境下与电子履行（e-fulfillment）相关的一系列供应链管理问题，并指出订单配送和售后服务正逐渐成为网络零售商的核心竞争力。

具体与网络零售商供应链管理相关的研究可以概括为两类：一类与整个供应链管理和战略相关，即宏观层面的研究；另一类则针对企业供应链管理中的运营流程或活动，即微观运作层面的研究。在宏观战略方面，一些学者从定价和收益等方面战略性地分析了传统零售商是否应该涉足网络直销渠道（Cattani 等，2006；Chiang 和 Feng，2010）。Netessine 和 Rudi（2006）采用博弈论的方法研究了网络零售商与其供应商之间的供应链结构问题，即是应该独立管理库存还是由供应商管理库存，或者是同时运用两种方式。关于微观运作层面的研究非常多。例如，Gong 和 de Koster（2008）研究了订单履行中心内订单分拣系统的方案选择问题。Cattani 等（2014）研究了网络零售环境下直接转运（cross docking）技术的使用，并分析了利用该技术在履行订单时来减少库存和分拣成本的作用。还有学者研究订单从履行中心到顾客手中的配送问题，如配送战略的选择问题（De Koster，2003），以及订单配送费用的定价问题（Asdemir 等，2009），等等。

纵观与网络零售商供应链管理相关的文献，与库存管理相关的研究多集中在库存协调与分配等宏观政策上，而与库存管理直接相关的微观层面的活动，如补货与发货的研究则较少。Acimovic（2012）指出，库存补货和发货占据了网络零售商近 40% 的运作成本，是订单履行中的关键环节。因此，对网络零售商的补货与发货问题进行深入研究十分必要。不过在此之前，有必要对现有文献中与网络零售环境下库存管理相关的研究现状进行概括梳理。

De Koster(2003)总结了四种类型的网络零售情形：

(1)产品制造商，如戴尔、联合利华等，利用网络渠道直接销售给终端客户的情况；

(2)传统的零售商和批发供应商，如沃尔玛、乐购(Tesco)、苏宁等，在经营传统大型购物商场之外开拓网络销售业务的情况；

(3)没有实物资产的新型互联网公司，如 Ebay、淘宝等，提供网络销售平台的情况，许多小型的网络零售个体或商家会在这些公司提供的在线平台上开展销售业务；

(4)有实物资产的新型互联网公司，如亚马逊、京东等，售卖自己货品的 B2C(business to customers)商城。

进一步，根据这四类网络零售情况，可以将开展在线销售业务的零售商分为两大类：一类是纯网络零售商(pure-play online retailer)，包括在 ebay 和淘宝这种第三方电子商务平台上经营的多数小型网络零售商，以及亚马逊和京东这类纯线上经营的 B2C 商城；另一类则是拓展网络销售渠道的产品制造商和传统零售商等，称为跨渠道零售商。接下来，对文献中关于这两大类网络零售商的库存政策和供应链管理中与库存相关的问题做详细综述。

1. 纯网络零售商的库存研究

纯网络零售商是指只在线上商店开展销售业务的零售商，如在淘宝平台上经营的小型商家，以及有自己线上平台的大型 B2C 商城，如亚马逊、京东和当当等。Li 等(2015)从定价方案、产品分类展示和交货时间三方面对纯网络零售商和传统零售商做了详细的比较。关于纯网络零售商库存政策的研究不是很多，Allgor 等(2004)考虑将纯网络零售商的订单履行中心分为存储区和分拣区两部分，然后把一个传统的多产品、两阶段序列库存系统应用到该环境中，并为其设计了一个定期检查(periodic review)的启发式订购政策，在成本控制上取得了一定效果。Chen 等(2005)从利润率的角度分析了纯网络零售商的库存战略：应该自己管理库存还是外包给第三方管理，他们通过数学建模和数值实验发现，当产品需求量小时，库存应该外包给第三方管理；而当销量大时，则应该由网络零售商自己控制。Xu 等(2005，2009)研究了网络零售商的订单分配处理问题，即顾客订单应该交由哪些仓库来处理，从而使得一定时期内的总补货成本和配送成本最小。他们利用网络零售环境下需求被延迟满足的特征，构建了订单履行的模型，并证明根据订单实时信息定期重新分配的政策明显降低了运营成本。Acimovic(2012，2014)则研究了纯网络零售商的补货策略，并指出实际中常见的做法是一个简单的基准库存(base-stock)政策，他提出了一个计划的基准库存(projected base-stock)方案，并显著地降低了从订单履行中心发货或配送订单给终端顾客过程中的运输成本。

纯网络零售环境下，与库存有关的一大类研究关注的是代发货/供应商直送(drop-shipping)问题，即网络零售商如何与上级供应商或制造商合作，将一部分或全部的订单交由它们直接处理。在美国，将近30%的纯网络零售商采用了供应商直送的方案①。这种方案和 Chen (2005)关于网络零售商库存战略的研究有相似之处，即考虑的都是库存由自己管理还是第三方管理。但不同的是，在供应商直送问题中，第三方只能是供应商或者产品制造商，而且考虑的是哪些订单应该由网络零售商履行，而哪些又应该直接由供应商或生产商来处理。

文献中关于供应商代发货问题的研究也主要分为宏观策略性的研究和微观运作层面的研究。前者主要是探讨网络零售商是否应该采取供应商代发货这种策略，以及实施该策略所带来的影响，等等。例如，Khouja(2001)研究了网络零售商在满足需求时采取供应商代发货和自营库存满足的混合战略配置问题，从最大化收益和最大化目标盈利概率这两个标准出发构建模型，来优化这两种策略的配置。Netessine 和 Rudi

---

① Ayanso A, Diaby M, Nair S K. Inventory rationing via drop-shipping in Internet retailing: A sensitivity analysis[J]. European Journal of Operational Research, 2006, 171 (1): 135-152.

(2004)从营销和运作的成本角度分析了网络零售商是否应该采用供应商代发货方案，并把这种方案和传统的供应链结构做了经济上的比较。随后，Netessine和Rudi(2006)讨论了在什么样的情况下采用供应商代发货的方案对网络零售商是有利的，同时分析了这种方案的优缺点。微观运作层面的研究主要是探讨在实施供应商代发货策略时的一些运作决策问题，如具体的订货和库存政策、定价决策等。Ayanso等(2006)在网络零售商采用代发货方案的前提下，利用随机库存模型分析得到了一个临界库存值，并得出一个结论：当自有库存水平在该临界值以下时，应该采用代发货方案来处理那些价值较低的订单。Khouja和Stylianou(2009)采用了(Q，R)库存模型来解决网络零售商在代发货方案下的缺货问题，他们为解决缺货问题提供了两种方案：一种是延迟交货，另一种为损失销售。在供应商同零售商达成竞争性代发货协议的情况下，Chiang和Feng(2010)基于经济订货批量(EOQ)博弈模型，研究了采购与定价的联合优化决策问题。Chen等(2011)则考虑了一个采取供应商直销策略的网络零售商，从收益管理的角度研究了季节性商品的库存配给(inventory rationing)问题。

从相关研究可以看出，纯网络零售环境下的库存政策研究主要由订单驱动，确切地说，它们关注的是库存配给问题，即考虑订单应该由哪个仓库的库存来满足，而无论这个仓库是网络零售商自己的(inventory allocation方案)还是供应商的(drop-shipping方案)。但是，研究补货政策或发货策略的文献并不多，这也正是本研究试图加以补充的。

2. 跨渠道零售商的库存研究

跨渠道零售是指在线上和线下同时经营零售业务，这种商业模式下的零售商就是跨渠道零售商，通常被称为"bricks-and-clicks"零售商。一些传统企业，如苹果、沃尔玛等，原来只在线下经营实体零售店，然后才拓展网络零售业务，它们是最初模式的跨渠道零售商，发展路线是从"bricks"(传统线下)到"clicks"(线上)。而随着网络技术的迅猛发展，开始出现一些反其道而行之的跨渠道零售商，它们的业务先在线上开展，然后再拓展到线下经营实体店铺，即由"clicks"到"bricks"。近来，一些在 O2O(online-to-offline)模式下运营的手机 App 应用不断涌现，如"许鲜""一米鲜"等。这些应用提供商在线上提供类似于传统电商的内容展示和下单平台，但不提供配送业务，顾客购买后只能按规定时间段到所选的线下自提点内取货。广义来说，这些应用提供商也属于跨渠道零售商。

　　已有文献中关于跨渠道环境下运作问题的研究大多考虑的是传统企业拓展网络渠道的情形。Cattani 等(2004)讨论了当企业开展互联网业务后，传统渠道与网络渠道之间关于采购、定价、后台订单处理和分发等一系列问题的协调处理机制，并对相关的研究做了详细综述。Dumrongsiri 等(2008)考虑了供应商不仅销售给下级零售商，而且通过网络直销给客户的一个双渠道销售环境。通过构建博弈模型，他们分析了供应商与零售商之间关于网络渠道市场份额的协调问题。Cattani 等(2006)也和 Dumrongsiri 等(2008)一样，在制造商(供应商)增加网络直销渠道与其唯一的下游零售商之间的竞争环境下，研究了供应商线上网络销售渠道与零售商线下传统渠道间的定价博弈问题。Rodríguez 和 Aydın(2015)则在类似双渠道的环境中考虑多产品分类销售与定价问题，采用 nested-logit 方法对顾客需求建模，研究了制造商网络直销产品的定价策略，以及制造商与下游零售商在产品销售类别偏好上的差异。在库存研究方面，Chiang 和 Monahan(2005)也考虑了一个制造商和零售商的双层供应链中传统销售渠道与网络销售渠道并存的环境，并针对顾客对两种渠道的偏好，提出了一个库存分配控制的方案。Yao 等(2009)也在这种双渠道环境下，从供应商角度出发，考虑了三种库存部署战略：制造商集中管理库存、制造商和零售商竞争管理库存和外包管理库存，并对它们进行了比较分析。这些文献中所指的双渠道或跨渠道大多是在供应商或制造商通过下游零售商销售产品这样一个传统渠道的基础上，增加线上直销渠道的供应链结构。研究的问题也基本上是从供应商

13

角度出发,分析网络渠道与传统渠道间的相互影响。

与上述供应商拓展网络直销渠道的情况不同,本书研究的跨渠道零售是指站在零售商的立场,考虑其既有线下实体店铺,也通过在线商店来满足顾客需求,即双重销售渠道(dual-sales channel)。而且,两种渠道的经营都由零售商承担,不考虑供应商或制造商参与。已有文献中关于这种情境下的库存管理研究较少,主要集中在库存共享(inventory pooling)与配给(inventory rationing)问题上。Bendoly(2004)考虑了零售商同时拥有网络商店和多个线下实体店铺的情况,并对多个邻近的店铺共享库存来同时满足线上订单以及各自的线下订单这种运作方式进行了模拟分析。随后,Bendoly 等(2007)又研究了零售商同时面对线上渠道的需求以及线下传统渠道的需求时,在维持顾客服务水平的前提下,不同库存分配(inventory allocation)策略对成本的影响。Mahar 等(2009)考虑在双重销售渠道环境中,不同地区的网络订单处理中心(即线下实体店铺)库存信息虚拟共享以展示给线上顾客。他们设计了两种动态订单分配方案,即每一线上订单应由哪个履行中心的库存来满足,并探讨了实时的虚拟库存水平信息与网络顾客需求信息对分配方案的影响。在这些文献所研究的问题中,虽然零售商需要协调处理来自线上和传统渠道的双重需求,但线上顾客只需等待订单送达,而不会参与订单分配与处理的过程。进一步,Mahar 等(2012)则研究了一个允许顾客线上购买,然后到线下实体店取货的双渠道零售问题。面对哪些实体店铺可以用来作为线下自提点,他们提出了一个动态提货点涵盖政策(dynamic pickup site inclusion policy),并发现允许部分商店提供取货业务的总运营成本比允许所有的商店提供取货业务时要小。Gallino 和 Moreno(2014)将这种商业运作模式定义为"buy online, pick-up-in-store"(BOPS),并用真实数据分析了零售商实施该策略后共享可靠的库存可用信息能够给线下实体店铺销售量产生积极影响。

在跨渠道网络零售环境下,关于供应链问题的研究目前已经有很多,其中针对库存管理或政策的研究也侧重在多渠间的库存配给

（inventory rationing）或共享协调（inventory pooling）问题上。总体来说，跨渠道网络零售背景下关于库存的研究主要是库存分配的问题，即哪些仓库应该配有多少库存，顾客的需求应该由哪些仓库来履行完成，这些都是在补货完成之后面临的问题。然而，真正研究库存补货政策的文献并不多，Huang 等（2011）考虑了一个零售商同时需要满足网上商店顾客和线下实体店顾客，直接假设了一个连续盘点（continuous review）的（Q，R）政策来解决问题。不过，在这种情况下，库存决策比较复杂，很难得到一个最优方案。

无论是纯网络零售还是跨渠道零售环境下的研究，都是从网络零售商处理能力的角度出发，而忽视了产品与顾客需求本身的特征。在网络购物环境日益多样化的背景下，与库存管理相关的补货与发货问题变得越来越复杂，本书试图对相关领域进行补充研究，结合产品需求信息特征，探讨在不同网络零售情境下的批量补货与发货决策方案。

1.2.2 离散时间动态批量研究

动态批量（dynamic lot-sizing，DLS）模型是库存管理领域的经典模型，它考虑的是动态离散需求环境下的生产计划或库存补给问题，最初由 Wagner 和 Whitin（1958）与 Manne（1958）提出。DLS 问题曾被评为管理科学领域十个最具影响力的问题之一。在近半个多世纪里，学者们围绕这一问题在不同方向上进行了诸多拓展研究，相关的研究综述也非常多。例如，De Bodt 等（1984）对基本的 DLS 问题和相应的解决技术进行了详细的分析与探讨，并强调了 DLS 在实际生产环境中的应用，尤其是面临动态需求的 MRP 领域；Bahl 等（1987）从能力约束和问题的层级这两个维度将 DLS 问题划分为四类：单层级无能力约束问题、多层级无能力约束问题、单层级有能力约束问题，以及多层级有能力约束问题；Karimi 等（2003）对有能力约束的 DLS 问题从模型和算法上进行了综述；Brahimi 等（2006）重点讨论了文献中对单产品 DLS 问题的研究，总结了无能力约束问题和有能力约束问题不同的建模手段和解决方法；

15

Jans 和 Degraeve(2007)则专门讨论了文献中解决有能力约束 DLS 问题的元启发式算法(meta-heuristics)。

Wagner 和 Whitin(1958)最初提出的是一个单物品无能力约束的 DLS 问题，并采用混合整数规划构建了标准模型，具体如下：

$$\min \sum_{t=1}^{T} (kY_t + hI_t)$$

$$\text{s. t.} \quad X_t \leqslant \left(\sum_{s=t}^{T} d_s \right) Y_t, \ 1 \leqslant t \leqslant T$$

$$I_t = I_{t-1} + X_t - d_t, \ 1 \leqslant t \leqslant T$$

$$I_0, \ I_T = 0$$

$$I_t, \ X_t > 0, \ Y_t \in \{0, \ 1\}$$

其中，T 为问题的总规划期数，k 为生产或补给的固定启动成本，h 为单位产品单期的库存持有成本，$d_t(t = 1, \cdots, T)$ 为时期 t 的确定性需求。问题的决策变量为 X_t(时期 t 的生产或库存补给量)，Y_t(时期 t 是否启动生产或补给的 0−1 决策变量)，和 I_t(第 t 期末的库存持有量)。基本的决策问题就是，在规划期内哪些期启动生产或补给，对应的补给量是多少。解决基本 DLS 问题的核心是零库存点订购(zero inventory ordering)性质，即在任意时期 t，都有 $I_{t-1} \cdot X_t = 0$。也就是说，在规划期的任意时期，要么由上一期末的库存来全部满足该期需求，要么在该期实施补给来满足自当期向后整数期的所有需求。根据该最优性质，Wagner 和 Whitin(1958)设计了复杂度为 $O(T^2)$ 的精确动态求解算法。

针对 DLS 基本问题，后续学者首先从模型构建上进行了诸多研究，包括采用网络流模型、设施选址规划模型等对原问题进行重新建模。其中，最有影响力的为网络流方法(Zangwill，1969)，其具体模型如图 1-2 所示。

在图 1-2 中，点{S}为问题的虚拟起始点，其流入量为问题在规划期 T 内的总需求 $\sum_{t=1}^{T} d_t$。点集{1，2，$\cdots$，T}对应 1→T 期，时期 t 节

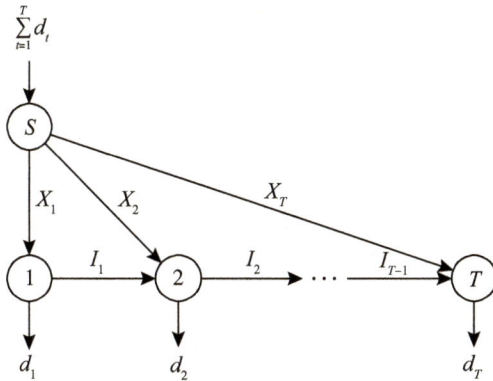

图 1-2　基本 DLS 问题的网络流图示

点上的流出量为该期需求 d_t。弧 (S, t) 上对应的流表示 t 期的订购量 X_t，弧 $(t, t+1)$ 上的流则为第 t 期末的持有库存 I_t。基本的决策问题就转变为在这样一个凹性成本网络流中找到一个使总成本最小的极流（extreme flow）。对每个时期节点 $\{t\}$ 来说，同时有两条弧流入，对应的流量分别为订购量 X_t 和持有库存量 I_{t-1}。而根据单起点凹性成本网络流的性质"每个节点至多只能有一条弧流入量为正"，Zangwill 直观地验证了零库存点订购性质，即 $I_{t-1} \cdot X_t = 0$。

　　基本 DLS 问题的另一主要拓展研究方向是该问题的解决方法。最初，Wagner 和 Whitin（1958）基于逆序动态规划的思想，设计了时间复杂度为 $O(T^2)$（其中 T 为问题的总规划期数）的精确求解算法，简称 Wagner-Whitin 算法。该算法在求解小规模（即计划期数 T 相对较小）问题时，效果较好，但当问题规模变大时，则效率会大大降低。而且，动态规划的算法在实际应用中较难理解，不便于实施。于是，一些学者提出了便于实施且行之有效的启发式算法，如著名的 Silver-Meal 算法。此外，还有一些学者致力于设计时间复杂度更低的精确多项式算法，但这一方面的研究颇为困难，因为最初的动态规划算法时间复杂度 $O(T^2)$ 已经足够低。直到 DLS 问题被提出 30 多年后，Federgruen 等（1991）才提出了时间复杂度为 $O(T\log T)$ 的算法来解决基本问题，并证明在无投机目的的成本条件下，即 t 期单位生产成本与单位库存持有成本之和不小于下一期 $t+1$ 的单位生产成本（ $p_t + h_t \geq p_{t+1}$ ）时，问题可以由其算法在线性时间 $O(T)$ 内解决。随后，Wagelmans 等（1992）和 Aggarwal 等（1993）分别采用几何解释（geometrical interpretation）蒙赫阵列（Monge array）的方法对问题进行分析，也设计出了时间复杂度为 $O(T\log T)$ 的精确算法。

DLS 问题与企业中的生产计划和库存管理密切相关，其对应的模型也是物料需求计划（material requirement planning，MRP）系统和高级计划系统（advanced planning system，APS）中的核心模块。MRP 和 APS 在实际中的广泛应用和发展也推动了学界对 DLS 问题的深入研究。因此，围绕着基本问题的设定，学者们拓展研究了许多不同背景和应用环境下的问题。其中，最基本的拓展是考虑延迟交货（backlogging）的情况，即允许某一时期 t 的需求 d_t 不被立即满足，而由 t 期之后的某期生产来满足，但延迟满足则会产生相应的惩罚成本。Zangwill（1966）最早研究了该问题并设计了一个时间复杂度为 $O(T^3)$ 的精确求解算法。后续学者们在提出一个新的 DLS 问题时，通常都会考虑不允许延迟交货和允许延迟交货这两种情形，并分别构建模型，设计求解算法。

多层级（multi-level/multi-echelon）环境下的 DLS 问题和有能力约束（capacitated）的 DLS 问题则是另外两个重要的拓展方向。前者是指在一个供应链环境中，最终产品需要在不同层级的设施中进行序列加工或生产，面对最终产品的确定性需求，决策者需要制订在不同层级的生产计划。Zangwill（1969）最先研究了该问题，并采用网络流的方法构建模型，设计了一个基于动态规划的精确求解算法。有能力约束的 DLS 问题包括两大类：一类是考虑生产能力约束的问题，一般体现在对 t 期生产量 X_t 的限制上；另一类则是考虑库存容量约束的问题，即对 I_t 的限制。Florian 和 Klein（1971）最先提出了凹性成本环境下有生产能力约束的 DLS 问题，采用网络流的方法分别为允许延迟交货和不允许延迟交货的情形构建了模型，并为恒定生产能力约束下的问题设计了时间复杂度为 $O(T^4)$ 的精确动态规划算法。$Love$(1973)则最先提出存在库存容量约束的 DLS 问题，并将此类问题同生产能力约束下的 DLS 问题进行了比较分析。Bitran 和 Yanasse(1982)研究了有能力约束的 DLS 问题在不同成本结构下的计算复杂性，并总结了哪些情况下的问题可以得到多项式求解算法，而哪些特殊情形下的问题是非多项式可解的，即 NP-hard 问题。

鉴于 DLS 问题在实际生产和库存计划中的基础地位，学者们结合不同的应用背景提出了许多其他定制化的拓展研究问题。例如，Sandbothe 和 Thompson(1990)在有生产能力约束的情况下，考虑企业策略性地不满足部分需求，第一次提出了允许缺货或销售损失的 DLS 问题，并设计了前进算法解决问题。一些学者在实际企业运营和营销部门联合决策的背景下，提出了 DLS 补货和定价同时决策的问题。面对实际企业需求信息随时间不断更新变化的情况，Baker(1977)提出了滚动计划期(rolling horizon)下的 DLS 决策方案，即确定一个计划周期，根据基本 DLS 模型和方法获得决策计划，但只实施第一期决策，随时间推移到下一需要决策的时期时再由新的需求信息来做下一个 DLS 决策，如此反复。Lee 等(2001)根据第三方物流的合同交货特征，即有最早和最晚交货时间，抽象为考虑需求时间窗的 DLS 问题，并为无延迟交货的问题设计了一个时间复杂度为 $O(T^2)$ 的精确算法，为存在延迟交货的问题设计了复杂度为 $O(T^3)$ 的算法。另外，还有研究考虑当库存持有成本与存储时间相关时，库存存在变质情况下的 DLS 问题；面对着不同成本结构的多种生产或补给方式时，考虑如何选择生产方式和确定相应生产量的 DLS 问题；在确定性模型的基础上考虑不确定性因素，引入安全库存的 DLS 问题；以及带有成本学习效应的 DLS 问题，等等。在这些不同的 DLS 问题的分支领域，又有许多相关拓展研究，如考虑前文所提的延迟交货因素、多层级环境和能力约束等。当提出一个新的 DLS 问题后，通常要对问题的性质和结构进行分析，以期能够设计得到多项式时间的精确求解算法。但是，有些问题却是非多项式可解的，即 NP 困难（NP-hard）问题。此时，需要一些松弛近似算法或启发式智能算法来解决问题。Florian 等（1980）就对确定性环境下的 DLS 问题进行了归类，总结出了多项式可解的问题和一些 NP 困难的特殊问题。

针对网络零售商部分商品的需求确定性较高且能提前获取的特点，本研究考虑了有完美提前需求信息（advance demand information，ADI）的动态批量补货问题，这和已有文献中带有需求/配送时间窗的 DLS 问题相近。接着，本研究结合著名 B2C 零售商亚马逊（Amazon）的"预判发货"（anticipatory shipping）专利背景，考虑了两种配送模式的批量发货问题，这与已有文献中考虑多种补货方式的 DLS 问题研究密切相关。因此，接下来本小节将重点对考虑时间窗的 DLS 问题和多种补货/发货模式的 DLS 问题进行介绍。

1. 考虑时间窗的动态批量问题

在确定性动态批量补货的相关文献中，有一些是专门研究带有时间窗约束的问题，进一步又可分为生产时间窗约束问题和配送时间窗约束问题。Lee 等（2001）最先考虑有配送时间窗（又称需求时间窗）的动态批量补货问题，他们考虑的配送时间窗是指每一顾客需求都对应一个配送时间窗，即有最早交货期和最晚交货期，且在该时间窗内交付不会产生成本。例如，若某 i 类需求 d_i 对应的时间窗为 $[E_i, L_i]$，则该需求最早可以在 E_i 时期被满足，最晚满足时期不能超过 L_i。随后，Dauzère-Pérès 等（2002）提出了生产时间窗问题，即生产/补货有一个最早启动时间和最晚启动时间约束。在该问题中，需求 d_k 对应一个生产时间窗 $[E_k, L_k]$，生产/补货必须最早在 E_k 时期进行，最晚不能超过 L_k，而需求则在时期 L_k 得到满足。于是，若都用 $[E_i, L_i]$ 来表示需求 d_i 对应的配送时间窗和生产时间窗，二者的区别见表 1-1。

表 1-1　　　　　　　　　　配送时间窗和生产时间窗的区别

时间窗类别	生产时间	需求满足时间
配送时间窗	$[1, L_i]$	$[E_i, L_i]$
生产时间窗	$[E_i, L_i]$	只有 L_i 时期

考虑配送时间窗的动态批量问题在科技产品行业、服装业，尤其是第三方物流行业中非常适用。Lee 等(2001)就是基于第三方物流业中订单"指定期限交付"的背景最先提出了考虑需求时间窗的 DLS 问题，并分别为无延迟交货和有延迟交货的问题设计了时间复杂度为 $O(T^2)$ 和 $O(T^3)$ 的精确算法。在随后十多年的时间里，学者们在其基础上拓展研究了不同背景下的考虑配送时间窗的动态批量问题。例如，Jaruphongsa 等(2004)就从最基本的多级环境和能力约束两方面进行拓展，研究了在供应商管理库存(vendor managed inventory，VMI)或第三方物流配送环境下考虑需求时间窗的两级动态批量问题和有仓库容量限制的问题，并通过最优性质分析分别得到了复杂度不同的多项式时间精确求解算法。Hwang 和 Jaruphongsa(2008)则以半导体行业为研究背景，同时考虑有时间窗约束的主要需求和需要当期立即满足的次要需求，并设计了时间复杂度为 $O(n^2T^2)$ 的最优算法，其中 n 为主要需求的种类，T 为问题的总规划期数。在 Lee 等(2001)最初提出的问题中，成本结构是不允许投机的，而 Hwang 和 Jaruphongsa(2006)则专门研究投机成本结构下的问题，根据非传统分解原则，设计了复杂度为 $O(nT^3)$ 的最优算法。另外，Hwang(2007)重新考虑 Lee 等(2001)提出的允许缺货的问题，为一般成本结构下的问题重新设计了更有效率的最优算法，使时间复杂度降低到 $O(\max\{T^2, nT\})$，其中 n 为需求类别数目。Akbalik 和 Penz(2011)在单产品有能力约束的动态批量问题中比较了 JIT 政策(顾客需求只能在最后到期日满足)和配送时间窗政策，并指出这两种政策下的问题都是 NP 难题。Hellion 等(2014)在一个企业和多个供应商之

间存在稳定合同(stability contracts)的情况下探讨了更为复杂的动态需求时间窗的问题,并推测其为NP-hard问题。

考虑生产时间窗的动态批量问题通常来自生产取决于原材料或半成品可得性的系统环境,以及需求作为输入而非输出的环境,如工业废水处理行业。问题特征表现为需求有一个释放/可得期和交付期,前者是指需求被提出的时期或生产产品的原料到达的时期,后者则为需求被得到满足的指定时期。Dauzère-Pérès等(2002)最先提出了考虑生产时间窗的动态批量问题,并考虑两种时间窗结构:一种为无约束的时间窗结构,对应问题称为customer-specific(CS)problem;另一种为有约束的时间窗结构,即任意两类需求的时间窗不能有任何重叠,对应问题称为noncustomer-specific(NCS)problem。在他们的研究中,CS问题被证明是弱NP难题,可由一个指数时间的动态规划算法求解,而NCS问题则是多项式可解的,他们也设计得到了一个时间复杂度为$O(T^4)$的精确算法。随后,Wolsey(2006)同时研究了考虑配送时间窗与生产时间窗的动态批量问题,并通过多种混合整数规划模型探讨了两种问题之间的关系。Hwang(2007)从算法角度重新考虑基本的生产时间窗动态批量问题,为无投机目的成本结构下的问题设计了时间复杂度为$O(T\log T)$的精确算法,为存在投机目的的固定线性成本结构下的问题设计了复杂度为$O(T^4)$的算法,而为最一般的凹性生产成本结构下的问题设计了复杂度为$O(T^5)$的算法。Absi等(2011)探讨了在提前生产、延迟交货和损失销售三种情形下有生产时间窗约束的动态批量补货问题,并设计得到了动态规划求解算法。以上考虑生产时间窗的问题针对的都是单产品情境,Brahimi等(2006)最先研究了一个有生产时间窗的多产品动态批量问题,并同时考虑了生产能力约束。针对该NP难题,他们利用拉格朗日松弛(Lagrangian relaxation)技术将多产品问题分解成多个可由多项式算法求解的单产品时间窗问题,取得了非常好的效果。随后,Brahimi等(2010)又在该问题的基础上进一步考虑生产启动时间,并将基于拉格朗日松弛技术的启发式方法与商业智能软件比较,发现前者在求解速度和效率上都优于后者。另外，还有学者在多产品生产时间窗问题的基础上结合订单分解与分配，并采用基于粒子群优化（particle swarm optimization）的启发式方法解决问题（Pan 等，2014）。Van den Heuvel 和 Wagelmans（2008）比较了多种动态批量补货问题，发现考虑生产时间窗的动态批量问题在建模上可以同考虑库存容量限制的问题、再制造环境下的问题和考虑累积能力约束的问题互相转化。

本书在网络零售环境中研究了考虑提前需求信息的动态批量问题。在基本的设置下，网络顾客下单购买商品时相当于提前告知了未来的需求信息，因为只有当订单被交付完成时，对应的需求才得到满足。从顾客下单日期到商家指定的交付期这段时间可以被看成是该需求对应的交付时间窗。商家可以选择在该时间窗内任一时期来交付订单以满足需求。因此，本书的研究和已有文献中考虑需求/配送时间窗的动态批量问题密切相关。然而，在实际网络零售中，顾客收货时间（即需求被满足时期）经常会晚于初始指定的日期。其中原因包括快递滞后这样的不确定性因素，也包括商家自身的策略性拖后行为。根据实际情况，本书研究的问题允许商家在指定交付期之后交付，但不可无限拖延，即有最大延迟时间约束。在现有相关文献中，允许延迟交货通常是指可以将需求拖后到问题规划期内的最后一期来满足，而本研究则提出了一个考虑最大延迟约束的新问题，在一定程度上丰富了该研究方向的内容。

2. 多补货模式的动态批量问题

多补货模式的动态批量问题通常发生在产品可以通过多个供应商供给或者通过多种运输方式运送的情况下，面对多种不同供应提前期和成本的补货或发货方式，决策者需要在问题规划期内的每一期同时决策用何种方式进行补货或发货，每种方式的补货或发货量应该是多少。在多方式补货或发货的 DLS 问题中，每种方式的成本结构是研究的重点，因为它会直接影响到设计最优求解算法的性质。Jaruphongsa 等（2005）

最先提出了存在多种补货或发货方式的 DLS 问题，但只重点分析了双模式补货的特例。当两种发货方式都为固定启动(fixed set-up)成本结构时，通过最优性质分析，他们设计了一个时间复杂度为 $O(T^2)$ 的精确动态规划算法；当一种发货方式为多启动(multiple set-ups)成本结构，另一种为固定启动成本结构时，利用最短路方法，设计了一个复杂度为 $O(T^3)$ 的最优算法；而当两种发货方式都为多启动成本结构时，问题可由复杂度为 $O(T^4)$ 的最优算法解决。随后，Jaruphongsa 等(2007)在 Jaruphongsa 等(2005)的基础上，进一步考虑了补货和发货同时进行的两级系统下的双模式批量问题，且只在发货过程考虑两种运送模式，其中，一种为固定启动成本结构，另一种为多启动成本结构。根据分析得到的最优性质，他们通过动态规划方法设计了复杂度为 $O(T^5)$ 的算法解决问题。上述研究重点探讨的都是双模式的问题，而 Toledo 和 Shiguemoto(2005)则研究了一个允许延迟交货的多种生产模式下的动态批量问题。不过在该问题中，所有的生产中心都是平行且具有简单的固定启动成本结构，这大大降低了问题的复杂性，所以他们也直接利用了 Zangwill(1969)的算法求解该问题。Ekşioğlu(2009)则研究了更为一般形式的多模式批量问题，即每一种补货/发货方式都具有多启动成本结构(固定启动成本结构可看成是多启动成本结构的特殊形式)。他首先利用网络流的方法描述问题，然后采用混合整数规划构建模型，并通过重新定义决策变量对问题进行重新建模，在重构模型线性松弛对偶问题的基础上，设计了一个基于原始-对偶的算法有效地解决了初始问题。随后，Bai 和 Xu(2011)在该文献的基础上进一步考虑多供应商的批量问题，其中每个供应商对应的成本结构可以是增量折扣(incremental quantity discount)、多启动成本和全单位数量折扣(all-unit quantity discount)中的任意一种。他们指出，当所有供应商具有增量折扣或多启动成本结构时，问题可由基于动态规划的多项式算法求解；而当所有供应商的成本结构为全单位数量折扣时，则不能找到合适的多项式算法。Palak 等(2014)则研究了一个考虑多模式补货和环保因素的影响，探讨了碳排放政策对不同补货模式选择的影响。

与多补货模式问题密切相关的还有两类动态批量问题：多启动（multi-setups）成本的动态批量问题；多阶段或序列的动态批量问题。多启动成本的动态批量问题是指在进行批量补货或发货时，交通运输工具通常有固定容量限制，比如卡车或集装箱的装载容积通常固定，每使用一单位这种交通工具时，除了要支付固定成本和单位货物运输成本，还需要额外支付对应的单位交通工具成本（即使该交通工具并没有装满货物）。该问题使得补货或发货的成本结构变得异常复杂，进而导致求解算法变得难以设计。在以上多模式批量问题的文献[59][79][81][82]中，多启动成本结构的情境都是作为重点分析的对象。多阶段或序列的动态批量问题是指在一个多阶段或序列的供应链系统中的批量补货和发货决策问题，前一阶段的输出通常是后一阶段的输入。Kaminsky 和 Simchi-Levi（2003）最先考虑了一个有生产和分发的两阶段供应链环境下的动态批量问题。在该问题中，无限供应的原材料要经过有能力约束的阶段一和阶段二的连续加工，才能成为最终产品，且阶段一的加工品需要通过交通方式运输到阶段二进行再加工。作者考虑了当阶段一和阶段二的生产成本以及它们之间的运输成本都是无投机目的时的特殊情形，并设计了多项式算法解决问题。Lee 等（2003）在第三方物流背景中，考虑同时补货和发货的批量决策问题，且发货模式是多启动成本结构。随后，Jaruphongsa 等（2007）在该问题基础上拓展，考虑发货过程存在两种不同成本结构的运输方式。Van Hoesel 等（2005）则将问题拓展到多阶段序列供应链环境中，并考虑生产能力约束。在不同运输成本结构和库存持有成本结构的情况下，他们利用网络流的方法分析了问题的可解性，及相应的算法时间复杂度。还有学者在这种有能力约束的两阶段序列供应链中考虑额外补货方式的问题，如允许自己生产和外部采购（subcontracting）两种模式同时补货（Sargut 和 Romeijn，2007）。

在多补货模式动态批量问题中，只有每种补货模式存在不同的成本结构时，问题才会有意义。现有文献大多会假设其中的一种补货模式具有多启动成本结构，因为在实际中，多补货模式通常与交通运输相关，而该成本结构正符合采用固定容积交通工具来运输的情况。于是，在最优方案的求解中，就会存在多启动成本结构模式补货和其他成本结构（如线性成本、固定启动成本）模式补货的博弈问题，这就为性质分析和算法设计带来了困难，使整个问题具有挑战性。另外，多补货模式的动态批量问题通常被置于一个多阶段或序列的供应链系统中，它往往结合了补货和发货这两种决策问题，既可以考虑多种补货模式，也可以考虑多种发货（即运输）模式。已有文献中多层级间的发货或补货流是不可以越级的，即只能在相邻阶段或层级之间进行补货或发货活动。这使得动态批量问题中的关键性质——零库存点补货/发货性质大多成立，从而为分析最优性质和算法提供了便利。

本书基于网络零售商"预判发货"（anticipatory shipping）的应用背景，研究了在一个两层级供应链系统中的动态批量发货问题。当该网络零售商为其订单履行中心完成补货后，需要制订发货计划，以满足多期的客户需求。发货途径有两种：一种是通过自营物流配送将货品运输到配送站，之后由快递员从配送站配送至终端客户；另一种则是直接由第三方物流从履行中心发货给顾客。该问题的背景和相关文献中多补货/发货模式的批量问题一样，每种发货方式的成本结构是不同的。但不同的是，通过第三方配送的发货方式存在一个跨越二级库存的问题，即直接越过了配送站这一级。这使得原有文献中的性质分析和算法都不适用于该问题，给寻求解决问题的方法带来了新的挑战。

1.2.3 连续时间批量研究

在 1.2.2 节介绍的离散型动态批量模型中，时间被假设成是离散的，且需求也随时间动态变化。而另一大类批量问题则考虑连续的需求率，即时间是连续不间断的。解决这类问题的模型被称为连续型经济批量模型，因为其通常是在经济订货批量（EOQ）模型的基础上发展而来的。在连续时间批量问题中，决策变量一般为固定的订货周期和订货量。另外，文献中关于此类问题的研究又主要分为单产品的 EOQ 问题和多产品的联合补货问题(joint replenishment problem，JRP)。

1. 单产品 EOQ 模型

EOQ 模型是运作管理中最基本的库存模型之一，最早由 Harris (1913)提出。基本的 EOQ 模型假设在无限计划周期内有着稳定且连续的需求率，即需求以恒定速率不断地发生。决策者需要通过频繁订货来满足需求，且每次订货会产生固定订购成本，订货后未消耗完的产品要作为库存并导致持有成本。因此，EOQ 问题的核心优化问题在于订购成本与持有成本之间的平衡。若假设需求率为 D（单位时间需求数量），每次订购的固定成本为 K，单位产品在单位时间的库存持有成本为 h，订货量为 Q，以及订货周期为 T，基本 EOQ 模型中库存水平与时间的关系可由图 1-3 表示。

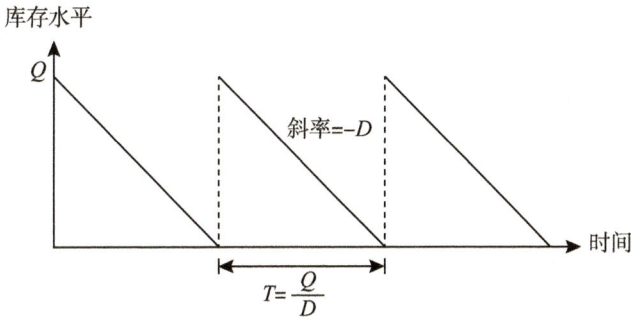

图 1-3　基本 EOQ 模型

由图 1-3 可知，在订货量为 Q 的情况下，固定订货周期为 $T = \dfrac{Q}{D}$，平均每单位时间内的订购成本就为 $\dfrac{K}{T} = \dfrac{KD}{Q}$。另外，库存水平在每次补

货后立即上升到 Q，然后以需求率 D 的速度消耗至零库存点，随即发生的下一次订货又将其提高至 Q。像这样，库存水平以周期 T 循环变化。因此，整体的平均库存水平就为 $\frac{1}{2}Q$，即平均每单位时间内都对应持有这么多库存，对应的持有成本就为 $\frac{1}{2}hQ$。于是，单位时间内的平均总成本就等于 $\frac{KD}{Q} + \frac{1}{2}hQ$。通过对平均总成本求关于 Q 的一阶导数，可以找到最优订货量为 $Q^* = \sqrt{\frac{2KD}{h}}$，并进一步求得最优订货周期为 $T^* = \frac{Q^*}{D} = \sqrt{\frac{2K}{Dh}}$，以及最优总成本为 $\sqrt{2KDh}$。在 EOQ 模型的最优解中，$\frac{KD}{Q^*} = \frac{1}{2}hQ^* = \sqrt{\frac{1}{2}KDh}$，即平均订货成本等于平均持有成本。

基本 EOQ 模型解决的是最简单的单产品连续时间批量补货问题，已有文献中有许多拓展研究。本书在这些 EOQ 模型理论的基础上，为网络预售新产品的的补货问题分别构建了预售期不固定情形下的一次补货模型和预售期固定情形下的两次补货模型。网络预售新产品的特点在于其销售期短，且商家在预售期内缺货完全拖后。基于这些特点，本书引入了 BASS 扩散模型来构造连续需求函数，且提出了已有文献中尚未研究的起始有缺货的两次订货模型。在第 5 章中，本书将详细讨论与此问题相关的研究。

2. 多产品 JRP 问题

JRP 问题最早由 Andres 和 Emmons(1976)提出，它考虑同时为多个产品制订订购计划，利用经济规模效应来降低补货成本，是 EOQ 的一般化问题。然而，与 EOQ 模型不同的是，JRP 问题中某一产品在其每个补货点的订购量不一定相等。不过，许多学者在研究此类问题时，却会为每种产品设置相同订货周期和订货量的方案(Goya 和 Satir，1989)。

若假设有 n 个产品，每一产品 $i(i = 1, 2, \cdots, n)$ 都有稳定且连续的需求率 D_i，对应的固定订购成本为 K_i，单位时间内的库存持有成本为 h_i，而且只要有产品订购就会触发联合固定订购成本 K_0，基本的 JRP 问题可由如下模型表示：

$$\min \quad \frac{K_0}{T} + \sum_{i=1}^{n} \left(\frac{K_i}{m_i T} + \frac{1}{2} h_i m_i \mathrm{TD}_i \right)$$

$$\mathrm{s.t.} \quad T > 0$$

$$m_i \in N, \ i = 1, \cdots, n$$

其中，决策变量 T 是基础的补货周期，$m_i T(m_i \in \mathbb{N})$ 为产品 i 的补货周期。也就是说，产品 i 每隔 m_i 个 T 时间，会被订购一次。

在基本 JRP 问题中，只要两个决策变量 T 和 m_i 中的一个已知，就很容易求得另一个的最优值。但实际问题却是要同时求得这两个决策变量的最优值，Arkin 等（1989）通过 3-SAT 问题多项式时间内归约的方法，证明了 JRP 问题为强 NP 难题。文献中有许多关于 JRP 问题的模型与解决方法研究，具体可见参考文献[91][93]。

1.3　内容与结构安排

1.3.1　研究内容

本书首先对网络零售商库存管理和批量模型的相关研究进行了综述与归纳，然后分析了网络零售商及其供应链运作的特征，并重点讨论了其补货与发货计划的运作流程。接着，分别从库存补货与发货两方面对不同情境下的问题进行深入研究。在补货问题上，分别提出了在多种网络零售情境下考虑提前需求信息的动态批量补货模型，考虑需求时间窗的动态批量补货模型，以及基于产品预售的批量补货模型；在发货问题上，重点提出了基于"预判发货"的双模式动态批量配送模型。全书的结构如图 1-4 所示。

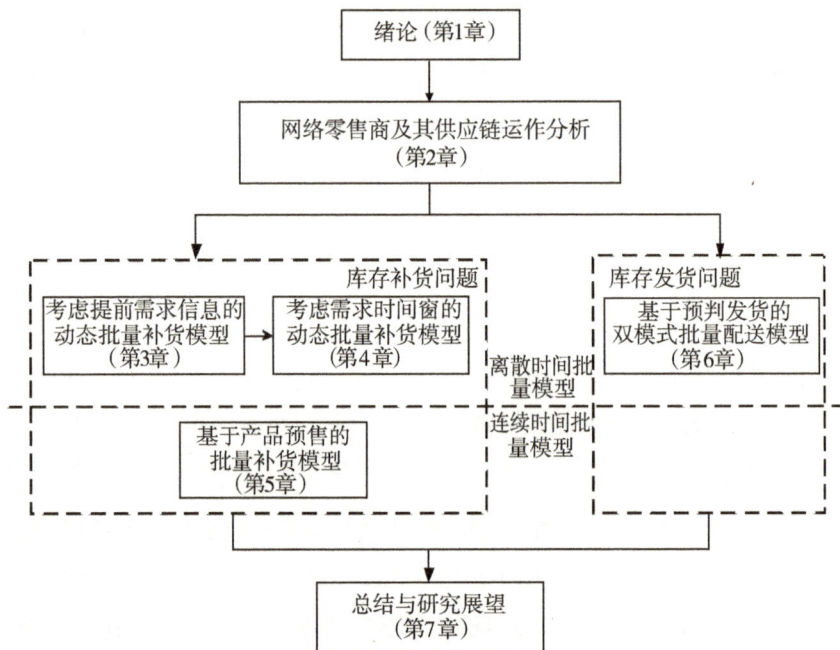

图 1-4　全书内容与结构

　　第 1 章为绪论，首先分析了本书的研究背景，介绍了网络零售行业的发展状况以及在实际运作中突出的问题，随后讨论了本书研究网络零售商批量补货和发货问题的理论意义和实践意义。接着，对相关理论研究和文献进行了综述：其一，对网络零售环境下供应链管理，尤其是库存管理相关的研究进行了梳理，并将网络零售细分为纯网络零售和跨渠道经营两种方式，分别讨论各自情境下的相关研究；其二，对离散时间动态批量模型的相关研究进行了详细介绍，并重点讨论了与本书相关的考虑时间窗的动态批量问题和多补货模式的动态批量问题；其三，对连续时间批量模型的文献进行了综述。最后，详细介绍了本书的研究内容和结构，以及各个章节提出的具体问题、解决方法和研究结论，并总结了本研究的四个重要创新点。

　　第 2 章对网络零售商及其供应链运作的特征进行了详细分析。首先，从经营规模、订单处理方式及顾客需求等方面梳理了网络零售商自身的运营特点。然后对围绕订单履行的供应链运作体系进行了讨论，将其分为上游补货系统、中游订单处理系统和下游订单配送系统三部分。最后，对网络零售环境下的库存补货和订单发货流程进行了重点探讨，总结了其中尚待研究的问题。

第 3 章针对网络零售商可以延迟处理顾客需求的特点，分别在单一顾客类型的纯网络零售，考虑顾客配送优先级的纯网络零售，线上与线下双渠道独立销售，以及线上与线下双渠道互动销售的环境下，详细分析了库存补货和履行订单需求的过程，并通过混合整数规划技术构建了各情境下考虑提前需求信息和弹性配送的动态批量补货模型。最后对比讨论了各情境下模型之间的联系。

第 4 章在第 3 章的基础上进一步从需求时间窗（配送时间窗）的视角，构建了一个能够解决所有网络零售情境下动态批量补货问题的统一模型，并分析了该模型的最优性质，通过动态规划技术设计得到了一个多项式精确求解算法。最后，选取了三家在不同情境下运营的实际网络零售商，将设计得到的算法应用到每种情境下的补货问题中，进行了数值实验，并根据结果讨论了管理含义。

第 5 章针对网络预售新产品通常需求未知、销售期较短的特征，采用 BASS 模型预测需求，并基于商家在预售期内缺货完全拖后的特点，根据预售期是否固定，构建了起始有缺货的一次补货模型和两次补货模型。然后，对两种模型分别进行性质分析，证明了各自最优解存在，并给出了相应的求解步骤。最后，进行算例实验，分别求得预售期不固定情形下的最优一次补货策略和预售期固定情形下的最优两次补货策略。该结果可以指导商家根据不同产品的参数水平，在不同的预售策略下找到相应的最佳补货方案。

第 6 章基于"预判发货"的实际背景，考虑订单履行中心与配送站之间存在第三方物流和自营物流两种发货方式，研究了 B2C 网络零售商的动态批量配送问题。首先利用混合整数规划构建了一个两级供应链系统下的动态批量配送模型，接着采用网络流规划的技术重新建模，并在其基础上对最优解的性质进行了分析，进而设计了多项式时间的精确动态规划求解算法。最后用算例实验验证了算法的有效性和适用性。

第 7 章是研究结论和展望，主要阐明了研究的主要结论和贡献，分析了研究的不足之处和未来研究展望。

1.3.2　主要创新点

本书的主要创新点集中在以下三个方面：

第一，本书为四种典型网络零售情境下的补货计划问题构建了考虑提前需求信息的动态批量模型，并在需求时间窗的视角下重新建模，设计了能够解决所有问题的统一模型。首先针对网络零售环境下顾客需求被延迟处理的特点，分别在单一顾客类型的纯网络零售、考虑顾客配送优先级的纯网络零售、线上与线下双渠道独立销售以及线上线下双渠道互动销售这四种网络零售情境下，对库存补给问题的特征和过程进行了详细分析，并为每种情境构建了考虑提前需求信息的动态批量补货模型。进一步从配送时间窗的角度，为所有网络零售情境下的动态批量补货问题构建了一个统一模型，并分析了其最优解性质，设计了多项式时间的动态求解算法。本研究将提前需求信息的概念引入到确定性动态批量模型中，并从模型重建的角度分析了提前需求信息与需求时间窗之间的联系。和已有文献中考虑需求时间窗的动态批量模型研究相比，本研究进一步考虑了最大延迟交付时间的限制，为相关领域拓展了新的研究方向。

第二，本书为网络预售新产品的补货问题构建了起始有缺货的连续时间批量模型。针对网络预售的新产品通常需求未知，且销售期较短的特点，结合了 BASS 需求扩散理论与连续时间批量模型理论。基于商家在预售期内缺货完全拖后的特点，根据预售期是否固定，提出了预售期不固定情形下起始有缺货的一次补货模型，和预售期固定情形下的两次补货模型。分别对两种模型进行了求解分析，得到了各自的最优解析解。在连续时间批量模型的相关研究中，还未考虑起始有缺货情形的两次补货模型，本研究既为该领域拓展了新的方向，也为网络零售商解决实际问题提供了帮助。

第三，本书在"预判发货"的应用背景下，提出了考虑两种配送模式的动态批量发货新模型。网络零售商能够根据产品的历史需求信息以及其他大量实时信息来更加准确地预测未来需求信息，在这种情况下，亚马逊公司首先提出了"预判发货"模式，即预测即将发生的需求，提前将相关货品配送至离该需求点最近的配送站，待该需求实际发生后，以最快速度满足该需求。这是一种全新的发货概念，本研究在此基础上，结合传统动态批量模型的知识，提出了一个全新的双模式动态批量发货模型，并探讨分析了两种模式不同成本结构下的最优求解算法，为解决实际问题提供了参考。

第 2 章　网络零售商及其供应链运作分析

本章探讨网络零售商的特征，以及网络零售商在运营过程中有别于传统零售商的一些特点。另外，本章还对网络零售环境下的供应链体系进行细致分析，围绕着订单履行中心将供应链分为上游、中游和下游三个系统。其中，上游主要是订单履行中心内存储仓库与外部供应商之间的采购和补货系统，中游为履行中心内部关于订单处理的一系列运作系统，下游则是履行中心与终端顾客间的订单配送系统。最后，本章着重讨论了与本研究相关的库存补货与发货问题。

2.1　网络零售商特征分析

网络零售有别于传统零售，它的运作核心在于对海量顾客订单进行及时高效的处理。订单履行中心是网络零售商的大脑，它既要处理与上游供应商之间的采购和补货问题，也要实时接收顾客订单信息，并及时调配内部各运作单位来处理订单，更要将处理完毕的订单合理高效地通过物流系统配送给终端客户。根据 Xu（2005）对网络零售行业的分析，本章从整体运营方式和顾客订单/需求处理两大方面出发，总结了网络零售商的显著特征。

一方面，网络零售商线上经营的方式有别于传统零售企业，从整体运营方式来说，主要有以下三点特征：

（1）大规模经营（large scale）。通常来说，网络零售商的运营规模都比较大，且销售类目多。当零售商在线上经营销售业务时，客户分布的范围就非常广，甚至可以是全球性的，如亚马逊全球购（Amazon globle）。另外，网络零售商的中心仓库或订单履行中心体量一般都很大，繁忙的订单分拣区需要处理来自线上各种顾客的订单业务，体现其销售类目富足。

（2）透明度高（high visibility）。互联网的高透明度使得网络零售商可以捕获许多实时信息，如顾客的浏览行为、历史购买数据、评论状况，以及竞争对手的销售情况、定价策略，等等。这些动态更新的信息在网络零售中所起的作用比在传统零售业更为突出。

（3）物流服务是非常重要的信任因素（logistics as a matter of trust）。网上消费者一般会将订单及时送达作为一项非常重要的信任指标，也就是说，网络零售商未及时交付的行为会给顾客带来很强的不信任感。因此，网络零售商的供应链效率和可靠性比传统零售商更加关键。

另一方面，网络零售商内部的运营主要是围绕着顾客订单和需求处理来进行的，需求或订单处理运作方式的特征主要体现为以下三点：

（1）使用按订单装配系统（assemble-to-order system，ATO）。网上顾客通常一次性会购买多种产品，而最后由网络零售商送至该顾客的只有一个包裹。于是，订单履行中心在收到顾客订单后，就要根据订单的需求内容应用 ATO 系统拣选对应需求产品并打包成最后的一个订单。拣选并打包的过程非常简单，但一旦零售商销售的类目繁多时，ATO 系统就会变得异常繁忙。

（2）需求处理会被延迟（delay in demand fulfillment）。和传统零售不同，在网络零售中，当顾客下单购买时，并不能立即得到所需货品。也就是说，需求发生时刻与被满足时刻之间存在正常的时间间隔。而且从需求发生时刻到后台开始调配某一仓库的库存来满足客户订单也有时间延迟。网络零售商在接到顾客订单后，可以在后台拖延处理这些订单需求，进而获取更多的信息来制定更好的运营决策。

（3）零售商决定需求如何分配（retailer-directed demand allocation）。当顾客产生需求并在网上下订单后，他们基本不能控制零售商来如何处理这些订单。网络零售商在后台运营时可以调配它拥有的任意仓库或履行中心来处理订单以满足顾客需求。这种由零售商主导的集中式订单分配模式可以降低运作成本。

总之，网络零售商有着与传统零售企业非常不同的运营特征，其满足顾客需求的方式和订单处理过程也独具特色，不能采用一些针对传统行业的运作方法来优化管理决策。鉴于网络零售商的特征非常复杂，本书重点根据其中部分特征，设计合适的批量模型，来解决库存补货和发货的问题。

2.2　网络零售商供应链运作分析

零售商的线上店铺只是一个商品内容展示和交易的虚拟平台，不能像传统线下商店那样，与顾客直接进行面对面的互动。因此，网络购物在给消费者带来极大便利的同时，也对订单的物流配送和售后服务提出了更高的要求。正如前文所述，在网络零售环境下，精准的物流配送服务是消费者对网络零售商信任的关键因素。然而，物流配送作为订单处理的最后环节，必须有前端供应链一系列流程的高效运作，才能保障其达到良好的服务水平。

网络零售商的供应链运作是围绕着订单履行或处理的一系列运作活动，供应链的核心是订单履行/处理中心（fulfillment center），它通常由存储区（仓库）和订单分拣区两部分构成。一个大型网络零售商往往拥有多个履行中心，分别服务来自对应地域的订单，如"亚马逊中国"在湖北鄂州的仓库就服务于华中区的顾客。网络零售商的供应链主要由三部分组成，上游是订单履行中心与供应商或产品制造商之间的采购体系，中游为订单履行中心内部的运作体系，下游是履行中心与终端客户之间的配送体系，具体的供应链结构如图 2-1 所示。

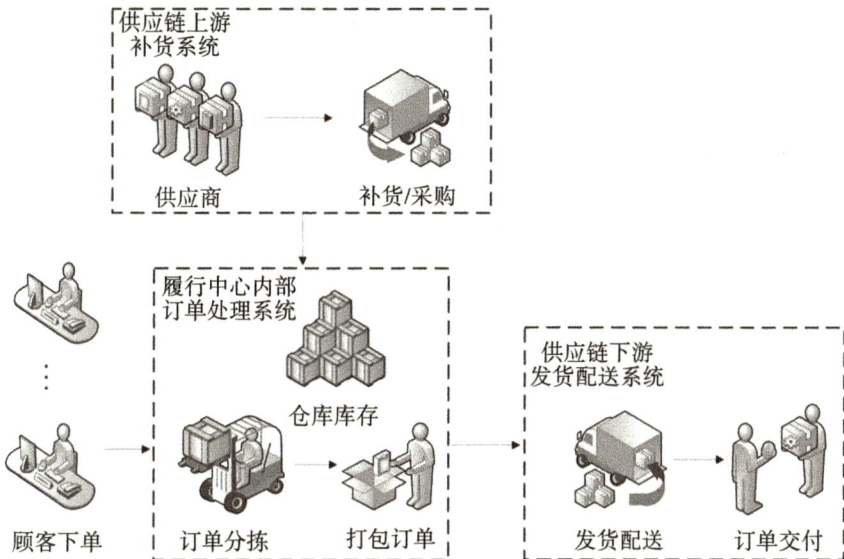

图 2-1　网络零售商的供应链结构示意图

从图 2-1 中可以看到，订单履行中心是网络零售商供应链运作的引擎部位，它既通过仓库库存与上游供应商对接，也负责处理客户订单的拣选、包装与发送等流程。以下详细介绍网络零售商供应链在上游、中游和下游体系中的运作活动与方式。

首先，网络零售商的供应链上游体系主要是产品供应商或制造商与订单履行中心之间的采购或补货系统。网络零售商采购的货品会按类别编码并存放在履行中心的仓库区域，而且在入库时，一般会通过库存管理信息系统，实时将对应商品的库存信息同步到网页上，以共享给顾客。在此上游体系中，采购或补货是关键问题，具体又细分为采购渠道问题和补货政策问题。

1. 采购渠道问题

如 2.1 节所述，一方面，网络零售商的商品种类繁多、销售体量大，为了降低成本来提供线上价格优势，大多数网络零售商会直接向产品制造商采购。而针对一些特定产品，尤其是没有线下分销或批发渠道的产品，如 iPhone、小米手机等，也不得不直接向产品制造商采购。在此情况下，网络零售商通常面临着与供应商之间战略合作以及供应链协调的问题。另一方面，在采购一些如食品和日用品等大众化的商品时，通常有多个供应商可供选择，因为这类商品的分销或批发商非常多。于是，在此情形下，网络零售商会从成本角度出发，考虑供应商选择的问题。采购渠道问题发生在网络零售商与上游供应商之间，属于供应链运作的战略性问题，已有文献中有许多相关的研究，本书在第 1 章中已经详细介绍。

2. 补货政策问题

无论是从战略合作的制造商直接采购，还是从多个分销商或批发商采购，网络零售商最终都要细化到产品层面来考虑具体的补货政策与采购决策方案。产品的补货是由需求驱动的，网络零售商需要根据不同产品的特征以及需求信息制定相适应的补货政策。例如，一些耐用产品的保质期长、需求波动较小，适合采用周期性库存补给政策（periodic-review policy）；而另一些需求波动很大且保质期较短的产品，则适合采用动态补货政策来管理库存。面对各种各样的产品，网络零售商很难找到一个普遍适用的补货方案。而且，随着网络零售业日趋成熟，竞争也越来越激烈，它们也需要更加精细化地运营，为不同的产品设计定制化的补货政策，从而优化整体的运营成本，并为顾客的订单服务提供保障。已有文献中关于网络零售环境下产品补货问题的研究非常少，本书分别从顾客需求信息和产品需求特征这两方面着手，提出了两种补货政策，从一定程度上拓展了该领域的研究。

　　然后，网络零售商的供应链中游体系为订单履行中心内部的整套运作系统，它是顾客订单处理的核心。当顾客在网站下单后，订单履行中心内部的一系列运作活动随即触发。工作人员会首先根据顾客的订单信息到库存区拣选订单中对应的需求货品。早期的网络零售商业务量小，拣选都由人工按订单操作，即每一订单都由对应的工作人员到存储区逐件寻找。如今，网络零售商每时每刻都会接到海量订单信息，人工按单拣选的方式已经完全不适用。所以，当前比较通行的方法是按商品拣货，具体为：工作人员按商品类别负责库存区域指定的货架，信息系统会实时向其发送该仓储区所需商品的类别和数目，然后工作人员根据指令拣选，并将这些产品放到传送带送至分拣区。接着，分拣区工作人员会根据顾客订单信息，从传送带分拣出所需的产品，并组装为临时订单盒，由传送带送至订单打包区域。一些网络零售商拥有超大面积的订单履行中心，存储的商品类目数以万计，即使通行的拣选和分拣方案都难以起作用。在此情形下，出现了一些高效率的机器人系统，将拣货和分拣合为一体。例如，亚马逊 KIVA 机器人就可以按订单信息逐件快速定位并拣选货品。当顾客订单对应的所有货品被分拣完并送至打包区域后，就由工作人员进行履行中心内部最后的订单打包操作，并等待接下来外部的物流配送系统完成最终交付。履行中心内部订单处理大多为工业工程领域微观操作层面的问题，已有文献中有大量相关研究，如订单的拣选作业问题、仓库的设计问题，等等。

　　最后，网络零售商的供应链下游体系为订单从履行中心处理打包后配送至终端客户的物流配送系统。大多数网络零售商没有自己的物流体系，而将此业务外包给第三方物流公司，即我们日常所知的快递公司。这类网络零售商一部分拥有固定的第三方物流伙伴，另一部分则提供多个快递商供顾客选择。站在网络零售商的角度来看，第三方物流配送不受其控制，将客户订单交至第三方配送后，就相当于完成了订单处理的工作。一些大型网络零售商如京东、亚马逊等，拥有自营物流配送系统。当订单被打包后，首先面临着分类装箱(bin packing)问题。一个订单履行中心服务的地理区域通常较广，网络零售商要将不同地区的订单分类，并进行装车运输。而充分利用有限的运输工具不仅能降低运输成本以及运输频率，还能提高服务水平。其次，在配送时间上也存在优化问题。每时每刻都会有顾客下单，网络零售商不可能在订单处理后就立即发货配送，而会利用经济规模(economic scale)效应等待多个订单一起批量配送。于是，在此过程中就存在配送时间和顾客服务之间的博弈问题。最后，批量订单会从履行中心运送至对应的二级配送站，然后由快递员完成"最后一公里"物流服务，将订单交付给最终客户。网络零售商在此还面临着配送站的选址问题。另外，这些拥有自营物流系统的网络零售商有时也会采用第三方物流进行配送服务，在这二者之间也存在选择优化的问题。

网络零售商的供应链运作复杂，涉及的问题也非常多，本书主要关注其供应链上游体系中的补货问题和下游体系中的发货问题。在补货问题上，重点从网络零售环境下顾客的需求信息特点以及产品特征的角度出发考虑单产品的补货政策；而在发货问题上，则针对拥有自营物流系统的网络零售商，研究其发货方式的配置问题。接下来将详细介绍网络零售商补货问题以及物流配送问题的特点。

2.2.1　网络零售环境下的库存补货问题

网络零售环境下的库存补货主要是指网络零售商对其订单履行中心内存储区的产品进行库存管理，以及制定补给计划的决策活动。在补货问题中，管理者需要依据产品的库存水平、库存消耗速度(需求、损耗)等多方面因素来决定何时进行补货，以及补充量为多少。由于补货是产品层面的决策问题，而不同产品之间在性质上存在差异，各自的需求特征也大不相同。因此，网络零售商有必要根据每种产品的特点制订合适的库存补给计划，从而优化相应的运作成本。从补货方式来说，网络零售商对产品的补货可以分为外部补货和内部补货两种，其中，内部补货又包括订单履行中心内部的生产性补货，以及其他履行中心或仓库间的调配补货，具体的补货过程如图 2-2 所示。

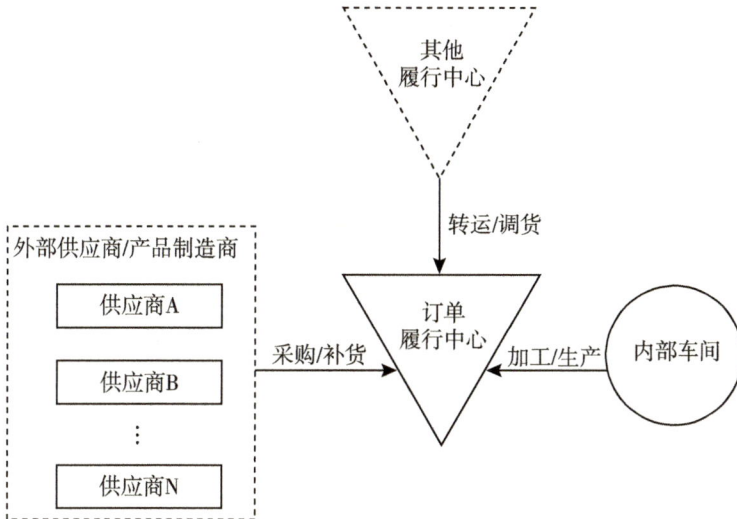

图 2-2　网络零售商的补货过程

1. 外部补货

向外部供应商或制造商采购产品对履行中心的库存进行补给。网络零售商的绝大部分产品需要从不同的外部供应商进行采购，其中，既有固定战略伙伴供应商，也有二级分销渠道的批发商。在外部补货决策中，网络零售要注意不同产品的供应提前期（supply lead time），以及相应的采购和运输成本。面对多家提供相同产品的供应商时，又需要考虑补货的优化配置问题。有些网络零售商在管理某些产品库存时，会和外部供应商之间达成代发货（drop shipping）协议，当履行中心内产品库存消耗完且来不及补货时，会转由供应商直接发货处理。这类似于传统零售商的供应商管理库存（vendor managed inventory）方案，二者在文献中都有大量研究。

2. 内部补货

内部补货包括网络零售商订单履行中心内部生产加工性补货，以及向其他地区的订单履行中心或仓库调配补货，以下分别介绍两种子补货方式。

内部生产指由订单履行中心内部车间生产一些自营产品，或加工包装一些特色产品。有的网络零售商会售卖一些具有自己特色的产品，而这类产品是由其自己生产的。例如，武汉 JSY 生鲜电子商务有限公司在其网站上售卖多种营养套餐，有的是由不同种类的生食和调料搭配组成，还有的是标准包装的熟食系列。在实际走访该网络零售商的订单履行中心时，笔者了解到，这些套餐都是由该企业自己加工原材料生产而成。有的网络零售商会售卖一些组合商品，如特产礼盒等，这些产品也需要自己进行加工包装。

订单履行中心间调货指履行中心向其他地区同级履行中心或仓库进行转运调货。这种补货方式在实际运营中较少发生，通常作为一种应急性补货方案。例如，当某地区对某种产品的需求受外界因素刺激而剧烈提高时，负责该地区的订单履行中心中的产品库存会迅速消耗，并导致缺货。如果产品外部供应提前期很长，网络零售商就会向其运营的其他地区的履行中心调货，以补充库存。

总而言之，网络零售商的补货方式主要是向外部供应商采购，由内部生产或履行中心调配补货的情况很少。而且，在制定补货政策时，在优化成本的前提下，须要充分考虑对应的产品以及需求信息特征。网络零售商在管理产品的库存补给时大多会实施 MRP 系统，而基于 BOM 的批量计划模型则是其核心模块，在实际中也非常适用。因此，在批量计划模型的基础上，本书为网络零售商管理不同产品的库存提出了多种补货决策方案。

2.2.2 网络零售环境下的库存发货问题

网络零售环境下的库存发货主要是指在网络零售商在履行中心完成订单处理打包后,制订合理高效的物流配送计划,以将订单货品最终交付给顾客的过程。在发货问题中,决策者需要根据不同的订单信息和顾客对物流的要求,选择合适的配送方式,既要考虑优化发货成本,同时也要保证物流服务水平。对于只采取第三方物流配送的网络零售商来说,发货过程非常简单,只需将顾客订单交由指定快递公司完成配送即可。本节重点介绍那些既拥有自营物流体系,也采用第三方物流方式配送的网络零售商的发货问题,其具体过程如图 2-3所示。

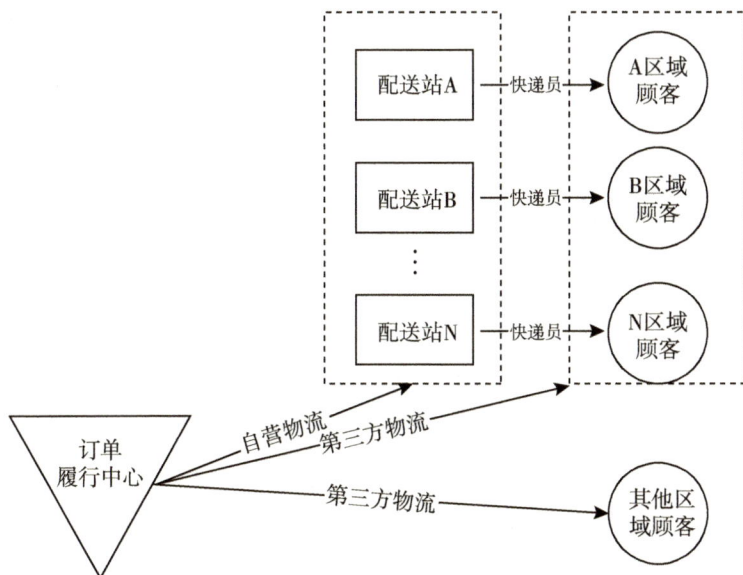

图 2-3　网络零售商的发货配送过程

自营物流发货是指网络零售商采用自己的物流配送体系将订单从履行中心发货并配送至顾客的方式。通常来说,网络零售商的某一订单履行中心只负责其指定管辖地理区域内的客户订单。而在该地域内部，也会划分成多个子区域，分别由对应的配送站进行最后的快递配送。当顾客订单在履行中心打包完毕后，自营物流团队会根据地址信息将其运送到相应的配送站，该过程通常由货车通过运输多个订单来完成。批量订单到达配送站后会进入下一步的分单操作，随后由不同的快递员分别派送给终端客户。在自营物流系统中，配送站扮演着中转站（HUB）的角色，即接驳上一级订单履行中心不断发来的批量订单，然后迅速分单并派至不同的快递员出站配送。因此，在传统的网络零售商订单发货中，配送站内一般不会有产品库存。

第三方物流发货指网络零售商选择第三方物流服务将订单从履行中心直接采用快递的方式交付给顾客。网络零售商的自营物流配送服务系统虽然能提高配送速度和效率，但是运营成本非常高。在一些地理位置比较偏远的地区，由于订单量通常较小，不能产生批量配送的经济规模效应，使得配送的成本非常高。因此，网络零售商在服务来自这类地区的顾客时，通常会选择第三方物流提供商来协助完成订单配送业务。另外，网络零售商也可以采用第三方物流公司来服务来自其自营物流系统能够覆盖的区域内的顾客，例如，当顾客指定要求时，以及自营物流配送系统负载较高的时候，等等。

总之，拥有自营物流系统的网络零售商在发货时不仅会采用自营配送，也会采用第三方物流的方式。同时，发货过程会充分利用批量订单的经济规模来降低配送运输的成本。网络零售商传统的发货都是在顾客下单后进行的，整体过程比较简单。而本书则研究了一个全新发货概念——"预判发货"背景下的动态批量配送问题。这是一种有别于传统模式的发货手段，它通过先进的预测技术判断顾客购买商品的可能性，并在顾客即将下单之前就开始发货。另外，在该发货问题中，配送站一级也允许有库存，不再像传统模式中只充当中转站的作用。

2.3 本章小结

本章从结构化的角度出发,首先对网络零售商有别于传统零售商的显著特点进行了深入分析。从整体运营方式来说,主要有大规模经营、透明度高和物流服务非常关键这三点特征;在顾客需求处理方式方面,主要有使用按订单装配系统、延迟处理需求和主导顾客需求分配这三个特征。

接着,介绍了网络零售商围绕订单履行中心的供应链运作体系,将其分为上游补货系统、中游订单处理系统和下游订单发货与配送系统,并对各系统中的运作问题做了细致分析。在上游补货系统中,主要有供应商与网络零售商之间的采购渠道问题和针对产品的补货政策问题;中游订单处理系统中主要有与订单分拣相关的操作问题;下游配送系统则有货品装箱、订单配送等问题。

最后,着重对网络零售环境下的补货问题与发货问题进行了详细探讨。网络零售商的补货包括外部补货和内部补货,其中外部补货是指向产品供应商或制造商采购性补货,内部补货则又分为订单履行中心内部生产性补货和向其他订单履行中心应急性调配补货。网络零售商的发货则主要包括自营物流配送和第三方物流配送。在补货方面,本研究重点关注外部性补货问题;在发货方面,则重点关注新兴“预判发货”背景下自营配送和第三方配送之间的协调计划问题。

第3章　考虑提前需求信息的动态批量补货模型

　　随着越来越多的传统零售企业利用网络渠道拓展销售业务，以及人们逐渐习惯于网络购物，网络零售业在当今世界经济中扮演着重要角色。例如，美国在 2015 年的网络零售交易额为 3340 亿美元(约为 2.16 万亿元)，平均年增长率为 10%①；而我国在 2014 年就达到了 2.79 万亿元，较上年增长 49.7%②。网络零售市场在蓬勃发展的同时，其内部的竞争也比以往更激烈，因为大多数零售企业的网络业务利润非常低。因此，网络零售商就不得不致力于降低与销售相关的一系列运作活动的成本，优化库存和补货方案就是其中的重要手段之一。本章根据网络零售商的运营特点，研究如何构建合适的补货模型来最小化与库存补给相关的成本。

　　本章研究问题的背景主要来自欧洲一家在网上售卖电子产品的零售企业 D。该零售商销售的大多数产品具有共同的特征，即需求是动态的。例如，一种新型智能家居清扫产品 IRobot 在起初推广时期的需求量非常小，但由于口碑效应，越来越多的顾客开始知晓并决定购买，其需求量也就随时间持续增长。另外，该零售商与 IRobot 的分销商也签

---

①　Mulpuru S, Boutan V, Johnson C, et al. Forrester research e-Commerce forecast, 2014 to 2019 (US)［R］. Forrester Inc, 2015.

②　2014 年中国网络购物市场研究报告［R］. 北京：中国互联网络信息中心(CNNIC), 2015.

署了战略联盟合同，确保了产品及时和充足的供应。在此背景下，零售商的运营经理需要设计出一个合适的库存补给政策，以最小的成本来满足顾客需求。其他的一些网络零售商，包括定制服装零售商、组装电脑零售商、珠宝零售商等，也会遇到类似的问题。这些零售商既可以自己生产产品，也可以向供应商采购来满足随时间动态变化的顾客需求。本章就来探讨这一类拥有网络销售业务的零售商所面临的库存补给问题。

网络零售企业能够轻易地获取提前需求信息（advance demand information，ADI）。Hariharan 和 Zipkin（1995）最先通过研究识别了客户提前通知订单信息对降低库存成本的正向作用，并将客户下订单到限定交货日期的这段时间定义为需求提前期（demand lead time）。随后，Gallego 和 Özer（2001）正式提出了 ADI 的概念，并将其准确定义为：具有多种需求提前期的顾客在他们真正被满足前下订单所带来的需求信息。对于开展网络销售业务的零售商来说，顾客通过网络渠道下订单时就能导致 ADI，因为这些订单所对应的需求通常会在未来的某个配送日期才得到满足。网络零售商可以通过诸多手段来获取更多的 ADI。例如，一些网络零售商（如亚马逊）通过提供免运送费的方式，鼓励顾客等待，这样就能够获取更多的时间来履行订单。还有一些商家在产品发售之前就接受客户订单，即通过预售的策略来获取 ADI，如苹果和小米在网络渠道发布新手机时就采用此方式。此外，网络零售商还能够通过数据挖掘或机器学习技术来跟踪并分析访问者的点击行为，并预测这些点击转换成未来需求的概率，这也代表着另一种形式的 ADI。综上，本章的研究问题是：如何利用 ADI 来为开展网络销售业务的零售商设计一个库存补给方案，且能够在最小化成本的情况下满足随时间动态变化的需求？

大多数零售企业（如上文提到的 D 公司）已经实施了 ERP 系统，作为该系统中管理库存补给流程的核心模块，动态批量模型（dynamic lot-sizing，DLS）是解决实际大规模补货计划问题的基础方法。在此背景下，结合网络零售的特点，本章构建了多种考虑 ADI 和弹性配送的无能力约束的单品动态批量补货模型来解决实际库存补给计划问题。零售商已经利用网络渠道开拓了许多新兴商业运作模式。例如，越来越多的传统零售商将销售业务拓展到线上，形成线上线下同时经营（bricks-and-clicks）的商业模式；纯网络零售商在销售模式上也变得越来越有创意。因此，本章考虑四种典型网络零售情境下的库存补给问题。首先，情境一考虑纯网络零售商和同质顾客，即所有顾客具有相同的需求提前期，零售商对所有订单的处理与配送都按照统一标准执行。接着，情境二在纯网络零售的环境下进一步考虑异质顾客的情况，允许网络零售商（如亚马逊、Boulanger 和 Darty）从订单处理优先级上将顾客区分为两类，即顾客的需求提前期不同。最后，两种情境考虑零售商以线上线下同时经营的方式运营。在此情形下，需求不仅来自网络渠道，还来自零售商的线下传统零售渠道。而且，线上与线下这两种销售渠道既可以是相互独立的（情境三），也可以是交叉互动的（情境四）。互动渠道的经营模式近年来非常流行，它允许顾客在网上下订单，然后到线下实体商店去取货。Gallino 和 Moreno（2014）定义这种模式为"buy-online，pick-up-in-store"（BOPS）。

　　基于以上四种网络零售情境的特征，本章详细描述了每种情境下的库存补给过程，并采用混合整数规划技术分别构建了考虑 ADI 和弹性配送因素的动态批量补货模型。通过分析各情境下补货模型之间的关系可知，线上与线下销售渠道互动情境中的补货模型是其他所有情境中模型的一般化形式。因此，本章还详细阐述了该一般化模型如何通过约束松弛和参数设定等手段转换成其他情境下的补货模型。

　　本章的研究主要和三类文献相关：与动态批量模型相关的研究，库存管理领域中考虑提前需求信息的研究，以及网络零售环境下的库存政策研究。接下来就分别介绍三个领域的研究现状。

　　自从 Wagner 和 Whitin（1958）最先提出基本的动态批量模型之后，学者们研究了在不同环境设置下的许多动态批量问题，具体可以参考关于模型分类、算法、需求类别等相关文献综述[39]~[42]。本书在第 1

章中也对动态批量模型的相关研究做了详细综述。大部分动态批量模型解决的是生产或制造环境下的生产与库存补给计划问题，特别是在采用MRP 系统的环境中。本章研究在以往关于动态批量模型研究的基础上，为拥有网络销售渠道的零售商解决库存补给问题而构建了考虑 ADI 和弹性配送的无能力约束动态批量模型，这是已有文献中未曾研究过的模型。此外，本研究还详细探讨了四种不同的网络零售情境，并识别了各自情境下动态批量模型之间的关系。

本章研究还与库存管理中考虑提前需求信息的文献相关，关于此领域的研究，可以参见 Özer(2011)的综述。提前需求信息通常包括两部分：一部分为已观测到的信息，指在当期之前已经观测到，且将要在未来某一期实现的已知需求；另一部分为未观测到的信息，指还未被观测到的未知需求。提前需求信息可以是完美的，即未来需求在得到满足之前，其信息完全已知；或者是不完美的，即未来需求的不确定性预示。Hariharan 和 Zipkin(1995)最先研究了一种允许顾客提前通知订单(即提前需求信息)的随机库存模型，并证明了延长需求提前期和缩短供应提前期对库存系统的作用相同。Wang 和 Toktay(2008)则指出在随机库存系统中，考虑提前需求信息和弹性配送时，增加需求提前期比减少供应提前期带来的成本节省效益更强。随着大数据技术的发展，学者们开始研究将网络点击流数据作为提前需求信息嵌入到传统的库存模型中。不过，这些研究都是在随机库存系统中考虑提前需求信息的作用，而本章将观测到的提前需求信息应用到动态批量模型中，以解决拥有网络渠道的零售商的库存补货问题。本研究第一次将提前需求信息的概念引入到动态批量模型中，从一定程度上拓展了相关的研究。

网络零售环境下的库存政策研究主要考虑两种网络零售商，一种是纯网络零售商，另一种是在多渠道或双渠道环境下运营的零售商。纯网络零售商库存管理的相关研究主要包括将一个传统的两阶段序列库存系统拓展应用到在线零售环境中的研究，分析网络零售商维持自有库存策略的研究，以及设计库存分配政策或者补给政策来最小化运输费用或降低发货费用的研究，等等。更多研究考虑的则是多渠道或双渠道零售环境，即零售商既在传统线下渠道经营，也在线上渠道运营(参见文献[8][27]关于此模式的具体描述)。Seifert 等(2006)分析在集成网络直销渠道和线下零售商间接渠道的情况下，商家可以利用线下零售商店的富余库存来满足网络订单，并在此基础上找到供应合同的最优参数。一些学者指出，在线上、线下同时经营环境下的零售商可以使用传统的库存政策来补给库存，如连续盘点的 (Q, R) 政策。在允许线上、线下零售渠道互动的情况下，Bretthauer 等(2010)设计了一个库存分配模型来决定可以同时处理线上和线下需求的线下商店地址和数目；Mahar 等(2012)则设计了一个动态取货点分配政策，并根据实时信息动态地选取允许线下取货的商店集合。本章研究的库存补给政策同时考虑了纯网络零售商和线上、线下同时经营的零售商。进一步，在线上、线下同时经营的情境中，考虑了线上、线下渠道相互独立和可以互动的两种子情境。在第 4 章中，本研究还在本章基础上提出了一个涵盖有统一模型和精确算法的框架来处理大多数网络零售商的补货问题，补充了相关领域的研究。

3.1　纯网络零售环境下的模型

本章考虑一个有线上业务的零售商管理其自营的某一种产品的库存，且该产品能够得到及时和充足的供应(自己生产或向外采购)。网络零售商通常会售卖多种产品，设计库存补给政策时需要充分考虑相应产品的类型与特征。面对那些需求动态变化的产品，网络零售商通常采用动态批量模型来解决其补货问题，因为它们通常会实施包含有 MRP 模块的 ERP 系统来制订库存补给计划。在 MRP 模块中，批量决策最显著的特征就是需求被假定为确定性的。尽管在现实问题中，需求不确定性因素在网络零售和传统零售环境中均普遍存在，但运营者可以在实施动态批量技术的同时采用滚动周期计划和安全库存等手段来解决，关于此问题，De Bodt 等(1982)列举了大量相关研究。

鉴于此，本章在传统动态批量模型的基础上进一步考虑 ADI 和弹性配送来对网络零售商的单产品补货问题建模。在滚动周期方案下，假设产品从 1 到 T 时期的确定性需求已知，且计划周期内每期的需求相互独立。该网络零售商根据已知信息来制定相应的补货计划，但只实施第一期的决策。接着，计划滚动到下一决策时期，与此同时，另一个 T 期补给计划问题被重新考虑。本章仅关注固定计划周期内的决策问题，即总计划周期为 T 期内的补货计划问题。

当顾客于时期 $t(t=1, 2, \cdots, T)$ 在网上下单时，他们被告知这些订单将在 $t+L$ 时期配送，其中，L 是标准的需求提前期，意味着网络零售商可以提前 L 期获取需求信息。在允许弹性配送的情况下，网络零售商可以选择在到期日（due date）之前（即 $t+L$ 之前）来满足订单，或者在到期日之后再满足。但是，订单满足不允许被无限拖延，假设最长拖延时间为 G 单位时期。于是，顾客下单后到被满足的最长等待时间为 $L+G$。顾客在时期 t 下单后，网络零售商若在时间窗 $[t, t+L]$ 内任意时期发货来满足该订单需求，则不会有额外成本；若在时间窗 $[t+L+1, t+L+G]$ 内某时期再来满足，则会造成额外的延迟成本，作为对延迟订单交付的惩罚。

本章主要考虑四种典型的网络零售环境。接下来，本节首先分析纯网络零售环境下的补货问题，并构建相应的动态批量模型。其中，纯网络零售又可进一步细化为仅存在单一顾客类型的纯网络零售和考虑顾客优先级的纯网络零售。前者是指所有顾客的需求提前期相同，而后者则在订单配送上区分顾客优先级，考虑不同的顾客需求提前期。3.2 节则分析双渠道零售环境下的补货问题，考虑线上、线下渠道同时经营的模式，在此情境下，需求来自线上和线下两类渠道，且渠道间既可以相互独立，也可以互动。

3.1.1 单一顾客情形下的模型

在最基本的纯网络零售环境中，顾客享受相同的配送服务，即需求

提前期都为 L。许多不区分顾客类别的网络零售商都在此环境中运营。例如，一些小型网络零售商，像淘宝上的零售商家提供给所有顾客相同的第三方物流配送服务；还有一些网络零售商只在某些特定地理区域经营，并为地方市场提供统一的订单服务。

为不失一般性，假设规划期初的起始库存水平为零，即 $I_0 = 0$，产品在 t 时期的到达需求为 d_t。定义 v_t^i，$i = 0$，1，$\cdots$，$L + G - 1$ 为比 t 时期早 i 期到达的需求，且在 t 期末还未被满足的部分。比如说，v_t^0 是 t 期末 d_t 中未被满足的部分，v_t^1 就是 d_{t-1} 中还未被满足的部分。所有在当前期末还未被满足的需求部分将成为下一期初的提前需求。由于模型中的研究问题是在滚动计划周期的方案下解决的，在规划期初的提前需求（即 v_0^i，$i = 0$，1，$\cdots$，$L + G - 1$）是已知的。另外，整个计划周期中每一期的确定性需求都假设是已知的，订购和库存持有成本都是线性的。在延迟惩罚成本方面，一旦顾客订单在其被下达 L 期之后配送，在延迟时间段内的每一时期 t，订单内每单位产品都会招致一项成本 b_t。问题的目标是在规划期内的每一时期决定相应的补货计划，使得所有的需求以最小成本被满足。

图 3-1 表示的是单一顾客类型的纯网络零售环境下考虑 ADI 的库存补给过程。t 时期的需求包含两部分：

（1）提前需求组合（v_{t-1}^0，v_{t-1}^1，$\cdots$，v_{t-1}^{L+G-1}），其中，v_{t-1}^i（$i = 0$，$\cdots$，$L + G - 1$）为比上一时期 $t - 1$ 早 i 单位时期到达的需求，且在 $t - 1$ 期末还未被满足的部分；

（2）t 时期当期到达的需求 d_t。因此，在 t 时期，总的订单需求为 $\sum_{i=0}^{L+G-1} v_{t-1}^i + d_t$。处理所有需求都按照先进先服务（first-come，first-served，FCFS）的规则。

在固定规划期为 T 的补货计划问题中，s_t 表示 t 时期的固定订购/生产成本，一般包括管理费和交通运输费等，后者通常由与运输数量不相关的固定成本构成。p_t 表示 t 时期的单位采购成本，h_t 则为 t 时期的单位

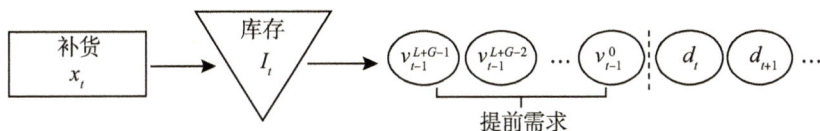

图 3-1 考虑 ADI 和同质顾客的纯网络零售库存补给过程

库存持有成本。决策变量为 x_t、I_t、v_t^i 和 y_t。其中，x_t 为 t 时期的补给量，I_t 是 t 时期末的库存水平，v_t^i，$i = 0$，1，$\cdots$，$L + G - 1$ 表示在 $t + 1$ 时期初还未被满足的提前需求，y_t 则为 t 时期是否补货的指示变量，如果 $x_t > 0$，则 $y_t = 1$，否则为零。

于是，对考虑 ADI 和单一顾客类型的纯网络零售环境下的补货计划问题可以构建如下混合整数线性规划模型：

$$\min \sum_{t=1}^{T} \left(s_t y_t + p_t x_t + h_t I_t + \sum_{m=0}^{G-1} b_t v_t^{L+m} \right) \tag{3.1}$$

$$\text{s.t.} \quad I_t - \sum_{i=0}^{L+G-1} v_t^i = I_{t-1} - \sum_{i=0}^{L+G-1} v_{t-1}^i + x_t - d_t, \quad t = 1,2,\cdots,T \tag{3.2}$$

$$I_{t-1} + x_t - v_{t-1}^{L+G-1} \geqslant 0, \quad t = 1,2,\cdots,T \tag{3.3}$$

$$\sum_{m=i}^{L+G-1} v_t^m \geqslant \sum_{m=i-1}^{L+G-1} v_{t-1}^m - x_t - I_{t-1},$$
$$i = 1,2,\cdots,L + G - 1; t = 1,2,\cdots,T \tag{3.4}$$

$$\sum_{m=0}^{L+G-1} v_t^m \geqslant \sum_{m=0}^{L+G-1} v_{t-1}^m - x_t - I_{t-1} + d_t, \quad t = 1,2,\cdots,T \tag{3.5}$$

$$v_t^i \leqslant v_{t-1}^{i-1}, v_t^0 \leqslant d_t,$$
$$i = 1,2,\cdots,L + G - 1; t = 1,2,\cdots,T \tag{3.6}$$

$$0 \leqslant x_t \leqslant M y_t, \quad t = 1,2,\cdots,T \tag{3.7}$$

$$I_T = 0, \sum_{i=0}^{L+G-1} v_T^i = 0 \tag{3.8}$$

$$v_t^i \geqslant 0, x_t \geqslant 0, I_t \geqslant 0, y_t \in \{0,1\},$$
$$i = 0,1,\cdots,L + G - 1; t = 0,1,\cdots,T \tag{3.9}$$

其中，目标函数式(3.1)为最小化总成本，包括固定成本 $\sum_{t=1}^{T} s_t y_t$，订购成本 $\sum_{t=1}^{T} p_t x_t$，库存持有成本 $\sum_{t=1}^{T} h_t I_t$，和延迟惩罚成本 $\sum_{t=1}^{T} \sum_{m=0}^{G-1} b_t v_t^{L+m}$。约束式(3.2)为库存守恒公式，约束式(3.3)保证在 t 时期，已达到最大延迟期限且还未被满足的提前需求被满足。约束式(3.4)～约束(3.6)表示 $t-1$ 期的提前需求如何转换为 t 期的提前需求。(3.4)和约束式(3.5)的区别在于，在约束式(3.5)中，计算 v_t^0（到 t 期末 d_t 还未被满足的部分）时，d_t 需要被考虑在内。约束式(3.7)保证足够的补给量，其中，M 为无穷大的整数。约束式(3.8)为模型终止条件，确保所有需求得到满足，且规划期结束无持有库存。最后，约束式(3.9)定义变量类型。

3.1.2　考虑顾客优先级的模型

网上购物的顾客多种多样，其需求也有差别。例如，一些顾客对价格不敏感，下单后不愿等待长时间的配送，于是付费的快速配送就能被这类消费群体接收。还有一些顾客则相反，他们对价格敏感，愿意等待更长时间，以获取免邮的优惠。于是，一些大型网络零售商，如京东和亚马逊，就会对订单区分优先级，像这些选择付费快速配送的顾客和特殊会员就能享受订单优先处理的服务，而普通顾客则无法享受。

本小节就从需求提前期上区分顾客优先级。为不失一般性，假设需求有两类，一类为高优先级需求，来自那些享受快速配送服务的顾客；另一类则为低优先级需求，来自选择标准配送服务的顾客。前者的需求提前期(L_2)要比后者的需求提前期(L_1)短，即 $L_2 < L_1$，意味着高优先级订单要比低优先级订单更早交付。另外，只允许延迟配送低优先级的订单，而不能延迟交付高优先级订单，这些都是现实规则的合理假设。图 3-2 展示了考虑顾客优先级情况下的纯网络零售环境的库存补给过程。t 时期的订单来自两类顾客，而且每一类都包含期初未被满足的

提前需求和当期抵达的需求这两部分。所有的订单都按先到先服务规则被处理。而且，t 期到达的高优先级需求 d'_t 排序在当期到达的低优先级需求 d_t 之前。

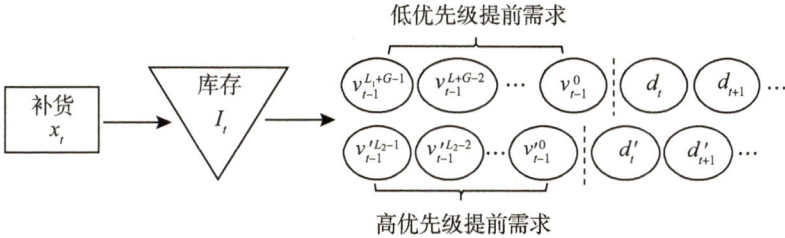

低优先级提前需求

$\begin{array}{c}\text{补货}\\ x_t\end{array}$ → $\begin{array}{c}\text{库存}\\ I_t\end{array}$ → v_{t-1}^{L+G-1} v_{t-1}^{L+G-2} $\cdots$ v_{t-1}^{0} $\vdots$ d_t d_{t+1} $\cdots$

$v_{t-1}^{'L_2-1}$ $v_{t-1}^{'L_2-2}$ $\cdots$ $v_{t-1}^{'0}$ $\vdots$ d'_t d'_{t+1} $\cdots$

高优先级提前需求

图 3-2　考虑 ADI 和顾客优先级的纯网络零售库存补给过程

在图 3-2 中，x_t 表示 t 期的补给量，I_t 为 t 期末的库存水平。v_t^i，$i = 0$，1，$\cdots$，$L_1 + G - 1$ 为比时期 t 早 i 单位时期到达的低优先级需求，且在 t 期末还未被满足的部分；$v_t^{'j}$，$j = 0$，1，$\cdots$，$L_2 - 1$ 为比时期 t 早 j 单位时期到达的高优先级需求，且在 t 期末还未被满足的部分。d_t 表示 t 时期到达的低优先级需求，d'_t 则为 t 时期到达的高优先级需求，d_{t+1} 和 d'_{t+1} 则分别表示 $t + 1$ 期到达的这两类需求。

于是，可以对考虑顾客优先级的纯网络零售环境下的补货计划问题构建以下混合整数线性规划模型：

$$\min \sum_{t=1}^{T} \left(s_t y_t + p_t x_t + h_t I_t + f_t v_t^{L_1} + \sum_{m=0}^{G-1} b_t v_t^{L_1+m} \right) \tag{3.10}$$

s. t.
$$I_t - \left(\sum_{i=0}^{L_1+G-1} v_t^i + \sum_{j=0}^{L_2-1} v_t^{'j} \right)$$
$$= I_{t-1} - \left(\sum_{i=0}^{L_1+G-1} v_{t-1}^i + \sum_{j=0}^{L_2-1} v_{t-1}^{'j} \right) + x_t - d_t - d'_t, \quad t \in [1, T] \tag{3.11}$$

$$I_{t-1} + x_t - v_{t-1}^{L_1+G-1} - v_{t-1}^{'L_2-1} \geqslant 0, \quad t = 1, 2, \cdots, T \tag{3.12}$$

$$\sum_{m=i}^{L_1+G-1} v_t^m + \sum_{m=i}^{L_2-1} v_t^{'m} \geqslant \sum_{m=i-1}^{L_1+G-1} v_{t-1}^m + \sum_{m=i-1}^{L_2-1} v_{t-1}^{'m} - x_t - I_{t-1}, \tag{3.13}$$
$$i \in [1, L_2 - 1]; \ t \in [1, T]$$

$$\sum_{m=i}^{L_1+G-1} v_t^m \geqslant \sum_{m=i-1}^{L_1+G-1} v_{t-1}^m + v'^{L_2-1}_{t-1} - x_t - I_{t-1}, \qquad (3.14)$$

$$i = L_2, \cdots, L_1 + G - 1; \ t = 1, 2, \cdots, T$$

$$\sum_{m=0}^{L_1+G-1} v_t^m + \sum_{m=0}^{L_2-1} v'^m_t \geqslant \sum_{m=0}^{L_1+G-1} v_{t-1}^m + \sum_{m=0}^{L_2-1} v'^m_{t-1} - x_t - I_{t-1} + d_t + d'_t, \qquad (3.15)$$

$$t = 1, 2, \cdots, T$$

$$v_t^i \leqslant v_{t-1}^{i-1}, \ v_t^0 \leqslant d_t, \qquad (3.16)$$

$$i = 1, 2, \cdots, L_1 + G - 1; \ t = 1, 2, \cdots, T$$

$$v'^j_t \leqslant v'^{j-1}_{t-1}, \ v'^0_t \leqslant d'_t, \qquad (3.17)$$

$$j = 1, 2, \cdots, L_2 - 1; \ t = 1, 2, \cdots, T$$

$$0 \leqslant x_t \leqslant M y_t, \ t = 1, 2, \cdots, T \qquad (3.18)$$

$$I_T = 0, \ \sum_{i=0}^{L_1+G-1} v_T^i + \sum_{j=0}^{L_2-1} v'^j_T = 0 \qquad (3.19)$$

$$v_t^i \geqslant 0, \ v'^j_t \geqslant 0, \ I_t \geqslant 0, \qquad (3.20)$$

$$i = 0, 1, \cdots, L_1 + G - 1;$$

$$j = 0, 1, \cdots, L_2 - 1; \ t = 0, 1, \cdots, T$$

在以上模型中,目标函数式(3.10)为最小化总成本,由于只允许延迟配送低优先级顾客的订单,所以总的延迟惩罚成本为 $\sum_{t=1}^{T} \left(f_t v_t^{L_1} + \sum_{m=0}^{G-1} b_t v_t^{L_1+m} \right)$,其中,$f_t$ 是本书第 4 章对应数值案例 B 中考虑的延迟启动成本,以 t 作为首期延迟的每单位 $v_t^{L_1}$ 都会招致该项成本。约束式(3.11)、约束式(3.12)和考虑同质顾客的模型中的约束式(3.2)、约束式(3.3)含义相同,只是现在考虑两种优先级类型的顾客。约束式(3.13)~约束式(3.17)表示 $t - 1$ 期的提前需求如何转换为 t 期的提前需求。约束式(3.18)~约束式(3.20)和考虑同质顾客的模型中的约束式(3.7)~约束式(3.9)功能相同。

3.2 双渠道零售环境下的模型

本节考虑当前更为复杂且日趋流行的零售模式——双渠道零售模式，即线上、线下同时经营（bricks-and-clicks）的模式。在此商业模式下，零售商不仅运营线上商店，也拥有线下实体商店。因此，这些零售商需要同时处理来自网络渠道和传统线下渠道的两类需求。一些零售商会将这两种业务渠道区分开，而另一些则会采取前文提到的 BOPS 模式，即提供顾客线上下单后到线下实体店自取的服务，至于该模式的具体运作细节，可参见 Gallino 和 Moreno（2014）的详细描述。英国著名的零售百货乐购（Tesco）就提供这种服务，当顾客在网上下单并选择此服务后，运营后台就将该顾客的订单信息转达给离其最近的线下实体店，等订单处理好后，会通知顾客在相应时间段内取货。欧洲另两家领先的网络零售商 Boulanger 和 Darty 也采取 BOPS 的运作模式，该模式体现网络渠道和线下渠道的一种互动。于是，本节分别考虑独立双渠道和互动双渠道这两种子情境下的补货计划问题。

3.2.1 独立双渠道模型

首先考虑线上与线下这两种需求渠道相互独立的情况，此时，来自线上渠道的订单需求只能由网络零售商通过快递配送来满足。在独立双渠道情境下，t 时期的需求包括来自网络渠道顾客的提前需求，以及同时来自线上和线下顾客的当期到达需求。让 w_t 表示 t 时期来自线下渠道，且需要被立即满足的需求。图 3-3 表示的是独立双渠道情境下的库存补给过程。

在图 3-3 中，x_t 表示在时期 t 的补给量，I_t 为 t 时期末的库存水平。需求来自两个销售渠道，上方的表示网络渠道的需求，包括未被满足的提前需求和每期新到达的需求；下方的则为线下传统渠道的需求，其中 w_t 为线下渠道在 t 期的需求，w_{t+1} 为 $t+1$ 期的需求。在 3.1.2 小节考虑

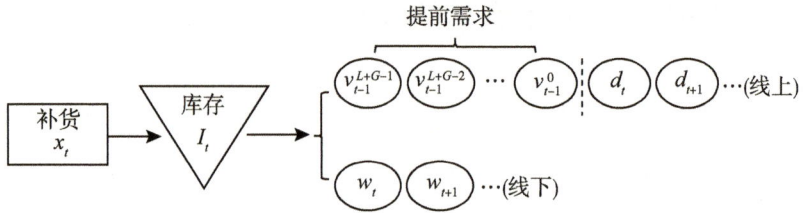

图 3-3　独立双渠道环境下的库存补给过程

顾客优先级的情境中，当高优先级顾客的需求提前期 $L_2 = 0$ 时，其对应的模型正适用于本小节独立双渠道的情境。

3.2.2　互动双渠道模型

接着考虑线上与线下渠道可以互动的情境，图 3-4 即表示该情境下的库存补给过程。和之前情境一样，依然用 d_t 表示来自线上渠道的需求。此时，线上顾客可以选择两种配送服务：一部分顾客在线上下单后会选择等待零售商配送；另一部分顾客则会选择就近到线下实体店自提货物。一旦订单货物在实体商店被准备好后，商家就会通知这些顾客来提取货物，并完成支付。我们用 d_t^{off} 表示选择订单自提的顾客需求，d_t^{on} 表示选择等待零售商配送的顾客需求。于是，d_t 就分解成这两类需求，并流入不同的销售渠道。和顾客选择等待配送的订单不同，从线上转移到线下渠道的自提订单不能被延迟交付，而且必须在允许的最大等待时间 S（相当于该类需求的提前期）内得到满足。

在图 3-4 中，x_t 表示在时期 t 的补货量，I_t 为 t 时期末的库存水平。v_t^i，$i = 0, 1, \cdots, L + G - 1$ 为比时期 t 早 i 单位时期到达的选择零售商配送订单的顾客需求，且在 t 期末还未被满足的部分；u_t^j，$j = 0, 1, \cdots, S - 1$ 为比时期 t 早 j 单位时期到达的选择自提订单的顾客需求，且在 t 期末还未被满足的部分。w_t 为 t 时期来自线下传统渠道的顾客需求。d_t 为 t 时期来自网络渠道的需求，且分流为两部分：一部分为 d_t^{on}，

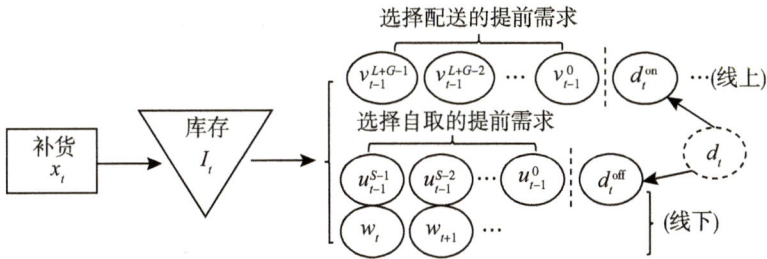

图 3-4　互动双渠道环境下的库存补给过程

表示顾客选择等待配送的需求；另一部分为 d_t^{off}，表示顾客选择到线下
自提订单的需求。

于是，互动双渠道环境下的补货计划问题可由如下动态批量模型
表示：

$$\min \sum_{t=1}^{T}\left(s_t\,y_t + p_t x_t + h_t I_t + \sum_{m=0}^{G-1} b_t v_t^{L+m}\right) \tag{3.21}$$

s. t.　$I_t - \left(\sum_{i=0}^{L+G-1} v_t^i + \sum_{j=0}^{S-1} u_t^j\right)$

$$= I_{t-1} - \left(\sum_{i=0}^{L+G-1} v_{t-1}^i + \sum_{j=0}^{S-1} u_{t-1}^j\right) + x_t - d_t^{\text{on}} - d_t^{\text{off}} - w_t, \quad t=1,2,\cdots,T$$

$$\tag{3.22}$$

$$I_{t-1} + x_t - v_{t-1}^{L+G-1} - u_{t-1}^{S-1} - w_t \geqslant 0, \quad t=1,2,\cdots,T \tag{3.23}$$

$$\sum_{m=i}^{L+G-1} v_t^m + \sum_{m=i}^{S-1} u_t^m \geqslant \sum_{m=i-1}^{L+G-1} v_{t-1}^m + \sum_{m=i-1}^{S-1} u_{t-1}^m - x_t - I_{t-1} + w_t, \tag{3.24}$$
$$i \in [1, S-1]; \ t \in [1, T]$$

$$\sum_{m=i}^{L+G-1} v_t^m \geqslant \sum_{m=i-1}^{L+G-1} v_{t-1}^m + u_{t-1}^{S-1} - x_t - I_{t-1} + w_t, \tag{3.25}$$
$$i = S, \cdots, L+G-1; \ t=1,2,\cdots,T$$

$$\sum_{m=0}^{L+G-1} v_t^m + \sum_{m=0}^{S-1} u_t^m \geqslant \sum_{m=0}^{L+G-1} v_{t-1}^m + \sum_{m=0}^{S-1} u_{t-1}^m - x_t - I_{t-1} + w_t + d_t^{\text{on}} + d_t^{\text{off}}, \tag{3.26}$$
$$t=1,2,\cdots,T$$

$$v_t^i \leqslant v_{t-1}^{i-1}, \quad v_t^0 \leqslant d_t^{\mathrm{on}}, \tag{3.27}$$

$$i = 1, 2, \cdots, L + G - 1; \quad t = 1, 2, \cdots, T$$

$$u_t^j \leqslant u_{t-1}^{j-1}, \quad u_t^0 \leqslant d_t^{\mathrm{off}}, \tag{3.28}$$

$$j = 1, 2, \cdots, S - 1; \quad t = 1, 2, \cdots, T$$

$$x_t \leqslant M y_t, \quad t = 1, 2, \cdots, T \tag{3.29}$$

$$I_T = 0, \quad \sum_{i=0}^{L+G-1} v_T^i + \sum_{j=0}^{S-1} u_T^j = 0 \tag{3.30}$$

$$v_t^i \geqslant 0, \quad u_t^j \geqslant 0, \quad I_t \geqslant 0, \tag{3.31}$$

$$i = 1, 2, \cdots, L + G - 1;$$

$$j = 1, 2, \cdots, S - 1; \quad t = 0, 1, \cdots, T$$

其中，目标函数式 (3.21) 为最小化总成本，包括固定成本 $\sum_{t=1}^{T} s_t y_t$、订购成本 $\sum_{t=1}^{T} p_t x_t$、库存持有成本 $\sum_{t=1}^{T} h_t I_t$，以及延迟惩罚成本 $\sum_{t=1}^{T} \sum_{m=0}^{G-1} b_t v_t^{L+m}$。约束式 (3.22) 为库存守恒公式，约束式 (3.23) 保证在 t 时期，已达到最大延迟期限且还未被满足的提前需求被满足。约束式 (3.24) ~ 约束式 (3.28) 表示 $t - 1$ 期的提前需求如何转换为 t 期的提前需求。约束式 (3.24) 和约束式 (3.25) 的区别在于，在约束式 (3.25) 中，计算 v_t^0 (到 t 期末 d_t 还未被满足的部分) 时，d_t 需要被考虑在内。约束式 (3.29) 保证足够的补给量，其中 M 为无穷大的整数。约束式 (3.30) 为模型终止条件，确保所有需求得到满足，且规划期结束无持有库存。最后，约束式 (3.31) 定义变量类型。

3.3　不同情境下模型之间的关系

尽管上文介绍了四种不同的考虑网络渠道的零售情境，互动双渠道情境却是最一般的形式，其他几种情境都是其特例。比如，当 t 时期线下渠道到达的需求 $w_t (t = 1, 2, \cdots, T)$ 都为零时，互动双渠道情境就转变成纯网络零售环境下考虑需求优先级的情境。而当 $L_2 = 0$ 时，考虑需求优先级的情境又等同于独立双渠道情境。所有的零售情境都是在最基础的纯网络零售环境下只考虑单一顾客类型的情境之上发展而来的。

既然互动双渠道情境是其他情境的一般化形式，其对应的混合整数线性规划模型也是最一般化的模型，可以转变为解决其他情境下的模型。本节就探讨以上各模型之间的联系，并详细说明互动双渠道情境下的最一般形式的模型如何通过约束松弛和参数置换等手段转变为其他情境下的模型。

首先，该模型是如何转化为解决只考虑单一顾客类型的纯网络零售情境下问题的模型：

由于本章考虑的所有情境都是在只考虑单一顾客类型的纯网络零售情境之上发展而来，可以对一般化模型进行简化。具体为，仅保留选择线上下单而线下自取的顾客需求，而假设所有其他类型的需求为零。于是，d_t^{on} 就完全等同于 d_t，一般化模型也就简化为只考虑单一顾客类型的纯网络零售情境下的模型。

然后，互动双渠道情境下的一般化模型根据以下步骤转化为考虑顾客高低优先级的纯网络零售环境下的模型：

第一步，将所有来自线下渠道的需求 $w_t(t = 1，2，\cdots，T)$ 设为零。

第二步，将线上下单线下自取货物的顾客需求看作考虑顾客优先级情境下的高优先级需求。该步通过用 L_2、v_t^{rj} 和 d_t^r 分别替代 S、u_t^j 和 d_t^{off} 来实现。

第三步，将等待零售商配送的顾客需求看作考虑顾客优先级情境下的低优先级需求。这样，一般化模型就转换为考虑顾客优先级情境下的模型。

最后，互动双渠道情境下的一般化模型是如何转化为独立双渠道情境下的模型：

独立双渠道情境可以看作是考虑需求优先级情境在 $L_2 = 0$ 时的一种特殊情况。另外，也可以假设自取货物的顾客需求为零，并将等待配送的顾客需求看作独立双渠道情境中的常规网络渠道需求，即用 d_t 来等

同替代 d_t^{on}。

3.4　本章小结

　　本章研究了在动态需求环境中能够获取提前需求信息的网络零售商的补货计划问题，并详细讨论了四种典型的网络零售情境。首先是一个只考虑单一顾客类型(需求提前期相同)的纯网络零售环境。然后，依然在纯网络零售环境下，细分顾客类型，从需求提前期上区分优先级，考虑了两种需求类型。接着，考虑零售商线上与线下同时经营的情境，需求同时来自这两种渠道，且渠道之间互相独立。最后，在双渠道零售模式下进一步考虑线上与线下渠道互动的情境，即允许顾客在线上下单后到线下实体商店自取货物。在每种情境下，分别采用混合整数规划技术构建了考虑提前需求信息和弹性配送的动态批量补货模型。

　　进一步，通过对每种情境下的模型进行比较分析，识别了每种情境之间的关系。其中，互动双渠道零售情境为最一般化的情境，考虑顾客优先级的纯网络零售情境是其不考虑线下传统需求渠道的特例。另外，独立双渠道零售情境则是考虑顾客优先级的纯网络零售情境在高优先级顾客需求提前期为零时的特例。最后，只考虑单一顾客类型的纯网络零售则是最基础的情境。

第4章 考虑需求时间窗的动态
批量补货模型

上一章研究了多种网络零售情境下考虑提前需求信息的动态批量补货计划问题，并对每种情境下的问题构建了混合整数线性规划模型，同时也识别出互动双渠道零售情境下的补货模型为最一般化的模型。本章针对考虑提前需求信息的动态批量补货计划问题给出进一步的分析与求解，并分别选取不同情境下的网络零售商进行案例实验分析。首先，通过对问题重新分析，发现可以为所有情境下的问题构建一个基于需求时间窗的统一动态批量补货模型。接着，通过分析该统一模型得到最优解的性质，进而利用动态规划技术设计多项式时间的精确求解算法。最后，选取实际的网络零售商作为不同情境下案例实验的对象，发现本章提出的方法能够显著降低这些零售商的库存成本。

4.1 基于需求时间窗的统一模型构建

通过将规划期初的所有已知需求分类，可以将第3章考虑的所有网络零售情境下的补货计划问题归结到一个基于需求时间窗的统一模型中进行分析求解。只有那些具有相同的最早配送期、相同的应交付期和相同的最晚延迟交货期的需求才能被视为同一类。让 R_k 表示需求类别 k 的数量，每类需求 k 有其对应的最早配送期 A_k、应交付期 B_k 和最晚延迟交货期 C_k。于是，首先假设在考虑单一顾客类型的纯网络零售环境

中共有 N 类需求，包括在规划期初已知的每一类提前需求 $v_0^i(i = 0$，1，$\cdots$，$L + G - 1)$，以及规划期内每一时期到达的需求 $d_t(t = 1$，2，$\cdots$，$T)$。例如，t 期到达的需求 d_t 就可以视为某一需求类别 k，其中 $A_k = t$，$B_k = t + L$，$C_k = t + L + G$，且 $R_k = d_t$。在考虑需求优先级的情境中，因为高优先级需求不能被延迟满足，即 $G = 0$，所以对应需求类别的应交付期和最晚延迟期相等，即 $B_k = C_k$。另外，在考虑需求优先级的模型中，当 $L_2 = 0$ 时，模型就可以用来解决独立双渠道情境下的库存补给问题。在互动双渠道情境中，由于线下渠道的需求必须立即得到满足，可以将对应的需求类别设置为 $A_k = B_k = C_k$。为不失一般性，假设对任意 $2 \leqslant k \leqslant N$，要么 $A_{k-1} < A_k$，要么 $A_{k-1} = A_k$，且 $C_{k-1} \leqslant C_k$。于是，在规划期初，计算所有的 R_k 的时间复杂度为 $O(T)$，且容易发现需求类别数不小于规划期数目，即 $N \geqslant T$。

在规划期初识别需求类别之后，引入两个额外的变量来构建统一的模型，用 $w_{k,t}$ 表示在时期 t 末还未被满足的需求类别 k 的数量，$r_{k,t}$ 为需求类别 k 在时期 t 被满足的部分。了解到在该统一模型中，延迟成本是与需求相关的，所以定义变量 $b_{k,t}$ 表示需求类别 k 在时期 t 的单位延迟成本。显然，对任意 $t \notin [B_k, C_k]$，$b_{k,t} = 0$。

于是，在允许与需求相关的延迟成本下，构建如下统一模型：

$$\min \sum_{t=1}^{T} \left(s_t y_t + p_t x_t + h_t I_t + \sum_{k=1}^{N} b_{k,t} w_{k,t} \right) \tag{4.1}$$

$$\text{s.t.} \quad I_t = I_{t-1} + x_t - \sum_{k=1}^{N} r_{k,t}, \quad t = 1, 2, \cdots, T \tag{4.2}$$

$$\sum_{t=A_k}^{C_k} r_{k,t} = R_k, \quad k = 1, 2, \cdots, N \tag{4.3}$$

$$w_{k,t} = w_{k,t-1} - r_{k,t},$$
$$t = A_k + 1, \cdots, C_k, \quad k = 1, 2, \cdots, N \tag{4.4}$$

$$w_{k,A_k} = R_k - r_{k,A_k} \tag{4.5}$$

$$r_{k,t} = 0, \quad t \notin [A_k, C_k], \quad k = 1, 2, \cdots, N \tag{4.6}$$

$$w_{k,t} \geq 0, \ t \in [A_k, C_k), \qquad k = 1, 2, \cdots, N \qquad (4.7)$$

$$r_{k,t} \geq 0, \ t \in [A_k, C_k], \qquad k = 1, 2, \cdots, N \qquad (4.8)$$

$$r_{k,t} w_{k-1,t} = 0, \ t \in [A_k, C_k], \qquad k = 2, 3, \cdots, N \qquad (4.9)$$

$$x_t \leq M y_t, \qquad t = 1, 2, \cdots, T \qquad (4.10)$$

$$I_t \geq 0, \qquad t = 1, 2, \cdots, T \qquad (4.11)$$

$$I_0 = I_T = 0 \qquad (4.12)$$

$$w_{k,T} = 0, \qquad k = 1, 2, \cdots, N \qquad (4.13)$$

其中，目标函数式(4.1)和第 3 章模型中的目标函数功能相同，最小化总成本。不过在函数式(4.1)中用 $\sum_{t=1}^{T} \sum_{k=1}^{N} b_{k,t} w_{k,t}$ 来计算总延迟惩罚成本。约束式(4.2)为库存守恒方程，其中，$r_{k,t}$ 表示需求类别 k 在时期 t 被满足的部分。正如约束式(4.3)所示，在各期被满足的部分加总等于需求类别 k 的总量 R_k。约束式(4.4)、约束式(4.5)表示需求类别 k 未被满足的部分在相邻时期之间的关系。这与上一章节模型中表达提前需求转换关系的约束作用相似。约束式(4.5)~约束式(4.8)表示，只有当 $t \in [A_k, C_k]$ 时，$r_{k,t}$ 和 $w_{k,t}$ 才有意义。约束式(4.9)排除了一种不合理的情况，即在时期 t，需求类别 k 被部分满足，而需求类别 $k-1$ 却依然有部分未被满足。约束式(4.10)保证在任意时期有足够的补给量。最后，约束式(4.12)、约束式(4.13)给出模型的初始条件和终止条件。

4.2 最优性质分析

本节对上节中考虑需求时间窗的统一模型进行分析，得到如下几条最优解性质：

性质 4.1 在最优解中，对任意 $k = 1, 2, \cdots, N$，和任意 $t \in [A_k, C_k]$，如果 $r_{k,t} > 0$，则要么 $t = A_k$，要么 $x_t > 0$。

证明 假设在最优解中，对某一需求类别 k 和某一时期 t，有 $k =$

$1, 2, \cdots, N$, $t > A_k$, $r_{k, t} > 0$, 且 $x_t = 0$。那么必然有一时期 $\tau(0 < \tau < t)$, 且 $x_\tau > 0$, 定义 τ^* 为满足条件的 τ 的最大值。

让 $t' = \max(\tau^*, A_k) < t$, 构建一个和初始最优解相同的解, 除了 $r'_{k, t'} = r_{k, t}$, 以及 $r'_{k, t} = 0$(满足 k 类需求的时期由 t 转移到 t')。该新解是可行解, 对应的 t' 到 $t - 1$ 期的库存持有水平减少, 且延迟交付的水平也降低了。也就是说, 新解对应的总成本比初始最优解还要低。这就和最初假设初始解为最优解相矛盾。

证毕。

性质 4.2 在满足性质 4.1 的最优解中, 对任意 $k = 1, 2, \cdots, N$, 只有一个时期 t, 使得 $t \in [A_k, C_k]$, 且 $r_{k, t} > 0$。

证明 同性质 4.1 一样, 采用反证法证明。假设在一个最优解中, 存在某一需求类别 k, 以及时期 t_1 和 t_2, 使得 $A_k \leqslant t_1 \leqslant t_2 \leqslant C_k$, $r_{k, t_1} > 0$, 且 $r_{k, t_2} > 0$。根据假设以及性质 4.1, $t_2 > A_k$ 就意味着 $x_{t_2} > 0$。

定义 τ 为满足 $\tau \leqslant t_1$ 的最近补货时期。根据模型约束, 这样的时期 τ 一定存在。

如果 $p_\tau - p_{t_2} + \sum_{t=\tau}^{t_1-1} h_t - \sum_{t=t_1}^{t_2-1} b_{k, t} < 0$, 让 $\Delta = \min(r_{k, t_2}, x_{t_2})$, 并按以下方式构建一个新解: 将时期 t_2 的补给量 Δ 移到时期 τ, 同时将时期 t_2 的需求满足量 Δ 转移到时期 t_1。于是, 订购成本会增长 $(p_\tau - p_{t_2})\Delta$。时段 τ 到 $t_1 - 1$ 内的每一期会增加 Δ 的持有库存, 时段 t_1 到 $t_2 - 1$ 内的每一期都会减少相同数量的延迟交付量。由此, 得到的新解要严格优于初始最优解, 这和假设相矛盾。

同样的, 如果 $p_\tau - p_{t_2} + \sum_{t=\tau}^{t_1-1} h_t - \sum_{t=t_1}^{t_2-1} b_{k, t} \geqslant 0$ 时, 也可以像以上证明过程一样构建一个严格优于初始假设最优解的新解, 使得原假设不成立; 或者构建的新解与初始解有相同的成本, 不过对需求类别 k 来说, 新解中要少一满足时期, 意味着新解也是最优解。

证毕。

4.3　多项式求解算法

由上节的两个最优性质可知，对任意需求类别 k，都有唯一的满足期 $\gamma(k)$。而且，$\gamma(k)$ 要么是一个补货期，要么 $\gamma(k) = A_k$。

根据先到先被服务（FCFS）的规则，不同类别的需求是根据其下标序号的顺序来被满足的。也就是说，对任意 $k(2 \leqslant k \leqslant N)$，$\gamma(k) \geqslant \gamma(k-1)$。

进一步，可以得到以下性质：

性质 4.3　在最优解中，任意两个相邻的补货期 t_1 与 t_2 之间存在这样一个需求类别 n，使得 $t_1 \leqslant \gamma(n) < t_2$，且 $I_{\gamma(n)} = 0$。

证明　采用反证法。假设在某一含有两个相邻补货期 t_1 和 t_2 的最优解中，要么没有这样一类需求 n 满足 $t_1 \leqslant \gamma(n) < t_2$，要么当任意 n 满足 $t_1 \leqslant \gamma(n) < t_2$ 时，$I_{\gamma(n)} > 0$。

首先考虑不存在需求类别 n 使得 $t_1 \leqslant \gamma(n) < t_2$ 的情况。由性质 4.1 和性质 4.2 可知，在这种情况下，对任意 $1 \leqslant k \leqslant N$，以及任意 $t_1 \leqslant t < t_2$，都有 $r_{k,t} = 0$。将这些补货时期内的补给量全部安排到单一补货期是可行的，且会得到一个新解，使得总成本不超过初始解对应的成本。这就意味着，要么初始解不是最优的（与假设相矛盾），要么新的可行解也是最优解。

然后，考虑当任意 n 满足 $t_1 \leqslant \gamma(n) < t_2$ 时，$I_{\gamma(n)} > 0$ 的情况。让 n^* 表示满足该条件的所有 n 中的最大值。由性质 4.1 和 4.2，在此情况下，对任意 $n^* < k \leqslant N$，以及任意 $\gamma(n^*) \leqslant t < t_2$，都有 $r_{k,t} = 0$。若 $p_{t_1} - p_{t_2} + \sum_{t=t_1}^{t_2-1} h_t \geqslant 0$，将时期 t_1 补货中数量等于 $I_{\gamma(n^*)}$ 的部分转移到时期 t_2，这样会得到一个未增加成本的新可行解。而且，在新解中 $I_{\gamma(n^*)} = 0$。

若 $p_{t_1} - p_{t_2} + \sum_{t=t_1}^{t_2-1} h_t < 0$，将 t_2 时期所有的补货量转移到 t_1 时期会得

到一个严格优于初始解的新可行解，这也和初始解为最优解的原假设相矛盾。

证毕。

接下来，定义满足 $I_{\gamma(n)} = 0$ 和 $\gamma(n+1) > \gamma(n)$ 这两个条件的需求类别 n 为奇异需求类。例如，假设某一需求类别 k，其中 $A_k = 2$，$B_k = 4$，$C_k = 5$，有单一的满足期 $\gamma(k) = 3$，同时该满足期也必然是补货期。如果 $I(3) = 0$，且需求类别 $k + 1$ 的满足期为 $\gamma(k+1) = 5$，时期 3 的补货量就只能满足到需求类别 k，而不能满足需求类别 $k + 1$。因此，需求类别 k 就是一个奇异需求类。根据定义，需求类别 N 也是一个奇异需求类。根据以上的性质，可以得到如下推论：

推论 4.1　对任意两个相邻的奇异需求类 n_1 和 n_2，存在唯一的补货期 τ，使得 $A_{n_1} \leqslant \gamma(n_1) < \tau \leqslant \gamma(n_2)$。

证明　显而易见，$\gamma(n_1)$ 和 $\gamma(n_2)$ 之间至少存在一个补货期，因为需求类 $n_1, n_1 + 1, \cdots, n_2$ 需要在这些期被满足，而且 $I_{\gamma(n_1)} = I_{\gamma(n_2)} = 0$。

如果 $\gamma(n_1)$ 和 $\gamma(n_2)$ 之间存在不止一个补货期，则这些补货期之间不存在奇异需求类就和性质 4.3 相矛盾。

证毕。

定义 $F(n)$ 为满足需求类别 1，2，$\cdots$，n 的总成本，且 n 是一个奇异需求类。于是，可以得到如下递归方程：

$$F(0) = 0 \tag{4.14}$$

$$F(n) = \min_{\substack{0 \leqslant k < n, \\ A_k < t \leqslant \underline{C}_{k,n}}} \{F(k) + f(k, t, n)\} \tag{4.15}$$

其中，$\underline{C}_{k,n} = \min_{k < l \leqslant n} C_l$，$f(k, t, n)$ 表示已知 k 和 n 两类需求为奇异类需求时，在时期 t 补货来满足需求类别 $k + 1$，$\cdots$，n 的总成本。

由式(4.14)和式(4.15)可知，只要知道 $f(k, t, n)$，就可以采用动态规划方法解决问题。其中，式(4.14)为初始条件，式(4.15)为递归方程。

如果定义

$$f(k, t, n) = + \infty, \quad \forall t \notin (A_k, \underline{C}_{k, n}]$$

式(4.15)就可以被重新写成

$$F(n) = \min_{\substack{0 \leqslant k < n, \\ 1 \leqslant t \leqslant T}} \{F(k) + f(k, t, n)\}$$

根据定义, $f(k, t, n)$ 就可以被重新写为

$$
\begin{aligned}
f(k, t, n) &= s_t + p_t \sum_{l=k+1}^{n} R_l + \sum_{l=k+1}^{n} R_l(\alpha_{l, t} + \beta_{l, t}) \\
&= s_t + \sum_{l=k+1}^{n} R_l(p_t + \alpha_{l, t} + \beta_{l, t}) \\
&= s_t + G_{n, t} - G_{k, t}
\end{aligned}
\tag{4.16}
$$

其中,

$$
\alpha_{l, t} = \begin{cases} \displaystyle\sum_{\tau=t}^{A_l - 1} h_\tau, & t < A_l \\ \\ 0, & \text{其他} \end{cases}
$$

$$
\beta_{l, t} = \begin{cases} 0, & t \leqslant B_l \\ \\ \displaystyle\sum_{\tau=B_l}^{t-1} b_{l, \tau}, & B_l < t \leqslant C_l \\ \\ + \infty, & t > C_l \end{cases}
$$

$$
G_{l, t} = \begin{cases} - \infty, & t \leqslant A_l \\ \\ \displaystyle\sum_{j=1}^{l} R_j(p_t + \alpha_{j, t} + \beta_{j, t}), & \text{其他} \end{cases}
$$

很明显, 所有的 $\alpha_{l, t}$、$\beta_{l, t}$ 和 $G_{l, t}$ 都可以在 $O(NT)$ 时间内计算得到。

因此, 式(4.15)可以重写为

$$
\begin{aligned}
F(n) &= \min_{1 \leqslant t \leqslant T} \left\{ \min_{0 \leqslant k < n} [F(k) + s_t + G_{n, t} - G_{k, t}] \right\} \\
&= \min_{1 \leqslant t \leqslant T} \left\{ s_t + G_{n, t} + \min_{0 \leqslant k < n} [F(k) - G_{k, t}] \right\} \\
&= \min_{1 \leqslant t \leqslant T} \{ s_t + G_{n, t} + Q(n, t) \}
\end{aligned}
\tag{4.17}
$$

其中，

$$Q(n, t) = \min_{0 \leqslant k < n} \left[F(k) - G_{k, n} \right]$$
$$= \min \left[Q(n-1, t), F(n-1) - G_{n-1, t} \right]$$

(4.18)

初始条件为：

$$Q(0, t) = +\infty, \quad t = 1, 2, \cdots, T \qquad (4.19)$$

于是，以式（4.14）和式（4.19）为初始条件，由式（4.17）和式（4.18）分别递归计算 $F(n)$ 和 $Q(n, t)$，就可以解决问题。具体的计算过程为：

$F(0)$，$Q(0, t)$，$t = 1, 2, \cdots, T \to Q(1, t)$，$t = 1, 2, \cdots, T \to$ $F(1) \to Q(2, t)$，$t = 1, 2, \cdots, T \to \cdots \to Q(N, t)$，$t = 1, 2, \cdots, T$ $\to F(N)$。

最优解对应着 $F(N)$，且可由前向后递归计算得到。该方法总的计算复杂度为 $O(NT)$。

4.4　案例实验

4.4.1　单一顾客类型情境下的案例

1. 基本应用

公司 J 是国内一家领先的生鲜电商，顾客在其网上商店下单后，该电商会把货物配送到离顾客最近的保鲜自提柜以完成交付。笔者在调查该公司时了解到，生鲜产品的需求呈现动态变化的特征，通常表现为：工作日需求量大，周末需求量小。这是因为大多数顾客在工作日没有时间去市场采购，从而选择网上购买，到周末则多半会选择自己到线下市场购买。面对如此动态变化的需求，以及生鲜产品的短保质期特征，公司 J 需要频繁地向其订单履行中心附近的一家大型农产品交易中心采购，供应提前期大约只有一个半小时，保证了充足且及时的供应。

　　本节为研究单一顾客类型的纯网络零售情境下的补货计划问题，选取了该电商的星级产品"营养套餐"。这种自制的套餐由不同种类的新鲜蔬菜和肉类组成，商家买来各种食材后按比例快速搭配制作就相当于该产品的补货过程。经过实地访问，我们得到了该产品自 2013 年 8 月 26 日至 9 月 4 日（$T = 10$ 天）的成本参数。其中，固定订购成本（s_t），包括原材料运输成本、人工成本和能源成本，为 20 元。每份套餐中所有配料的单位购买成本（p_t）为 21.5 元。尽管 p_t 在不同时期 t 可能会变化，但访问的这 10 天内波动很小，所以假设其恒定为常数。单位库存持有成本（$h_t = 7$ 元）相对较高，因为该营养套餐的保质期很短，仅为 3 天。补货后每多持有一天，就会提高变质风险。当顾客订单在应交付日期之后才被满足，每一延迟的时期，都会产生一单位的延迟惩罚成本（$b_t = 1$ 元），主要是给顾客的小补偿。在如此短的计划周期内，不考虑折现因素。此外，该营养套餐的单位售价为 28 元，所有顾客的需求提前期都是两天（$L = 2$），允许的最大延迟交付时间是一天（$G = 1$）。表 4-1 为单一顾客类型的纯网络零售情境下"营养套餐"的实验结果。

表 4-1　　　　单一类型顾客情境下"营养套餐"的实验结果

t	0	1	2	3	4	5	6	7	8	9	10
v_t^0	5	13	0	7	10	0	0	5	14	8	0
v_t^1	3	5	0	0	7	0	0	0	5	14	0
v_t^2	0	3	0	0	0	0	0	0	0	5	0
d_t	—	13	8	7	10	3	1	5	14	8	7
x_t	—	0	29	0	0	21	0	0	0	0	34
I_t	0	0	0	0	0	1	0	0	0	0	0

　　注：十天规划期的最优成本为 1881 元。

由表 4-1 的结果可知，在第 1 天初(即第 0 天末)，系统有两类提前需求：一类为一天之前到达的 5 个订单(v_0^0)，另一类为两天之前到达的三个订单(v_0^1)。第 1 天没有生产性补货，所以当日抵达的 13 个订单(d_1)转移成第 2 天初(第 1 天末)的提前需求订单 v_1^0 ，且 v_0^0 转移为 v_1^1 ，v_0^1 转移为 v_1^2 。第 2 天生产补充的 29 份套餐正好满足所有的提前需求(v_1^0 、v_1^1 和 v_1^2)和当日抵达的需求(d_2)。在最优解中，只有 v_1^2 和 v_2^2 招致了延迟惩罚成本，而其他提前需求则没有。最终得到的最优补货计划为：在第 2 天生产补充 29 份，第 5 天生产补充 21 份，第 10 天生产补充 34 份。

当该电商不使用提前需求信息，即当 $L = 0$，$G = 0$ 时，采用基本的动态批量补货计划的总成本为 1993 元，而采用本研究考虑提前需求信息($L = 2$，$G = 1$)的方法后，总的成本为 1881 元，比原先降低了 5.6%。

2. L 和 G 的价值

接下来，本小节依然采用公司 J 的数据进行数值实验，探究 L 和 G 的不同取值如何影响最优总成本。由于单位购买成本 p_t 并不影响最终决策，可以技术上将其设为 0($p_t = 0$)。另外，为了便于实验的实施，假设规划期初的提前需求也为 0(即 $v_0^i = 0$)。图 4-1 显示的是当 L 和 G 的取值从 0 到 4 变化时对应的最优成本变化情况。

当 $L = G = 0$ 时，问题就变成一个经典的 Wagner-Whitin 问题，其中，t 时期到达的需求必须在当期立即得到满足。从图 4-1 可以看到，这种情况下的总成本要比 L (或 G)大于零时大得多。该结论意味着决策者可以利用需求提前期或者允许的延迟交付时期来减少总的库存成本。这也和实际中一些网络零售商为了鼓励顾客等待而提供免费配送服务的做法相符。当 $G = 0$ (即延迟配送不被允许)时，最优总成本随着 L 的增加而减少。从中可以发现一条管理启示，即 L 值越大，就能带来更多的需求信息，于是商家也就可以利用这些提前需求信息来节省更多的成本。

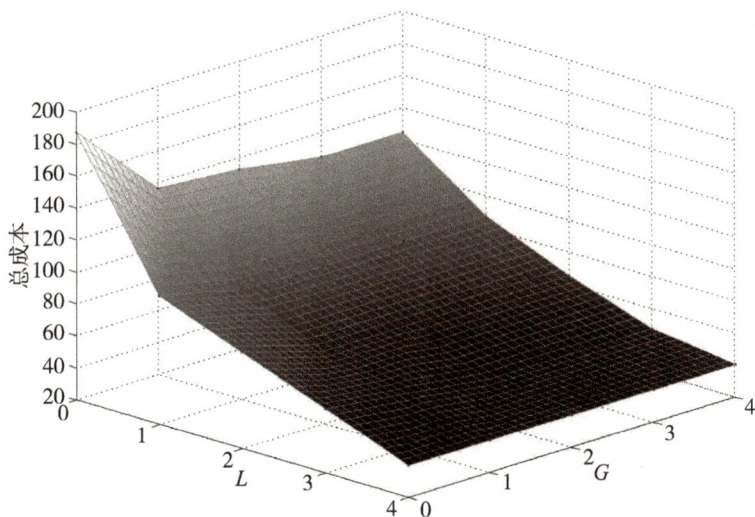

图 4-1　单一顾客类型情境下不同 L 和 G 对应的最优成本

其中还蕴含着另一条管理启示，即 L 值越大，零售商在规划期内满足需求的弹性就越大，就不必由于延迟配送而招致惩罚成本。经营者可以平衡获取提前需求信息的成本和它所能节省的成本，进而决定合适的 L。从图 4-1 还可以发现，当 $L=0$ 时，总的最优成本随 G 也递减，但是节约成本的效果没有 L 显著。通过进一步观察当 $L=4$ 时总成本的变化情况，可以发现 G 的变化基本对降低成本没有作用。然而，当 $G=4$ 时，L 的增加依然对成本降低有显著作用。

3. b_t 与 h_t 比值的影响

进一步，我们设计一个数值实验来观察单位库存持有成本 b_t 与单位延迟惩罚成本 h_t 的比值对最优成本的影响。假设 b_t 与 h_t 的值恒定，即与 t 无关。除了 b_t 和 h_t，依然采用公司 J 的数据来进行实验。

h_t 和 b_t 的绝对大小对最优总成本的影响很大，为了减少这种作用，以便能够更好地分析 b_t 与 h_t 不同的比值对最优成本的影响，设计在 $b_t +$

h_t 的值被固定的情况下再来变化 b_t 与 h_t 的比值。实验分别在 $b_t + h_t$ 被固定为 2、4 和 6 三种情况下进行，结果如图 4-2 所示。

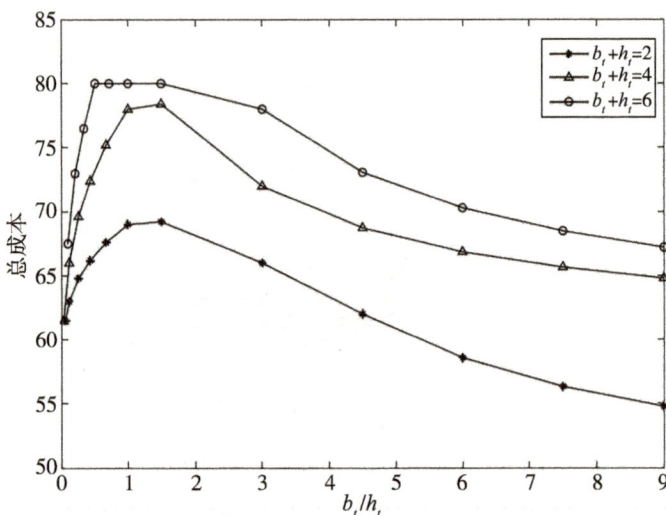

图 4-2　不同的 b_t 与 h_t 比值对应的最优成本

图 4-2 显示，当 $b_t + h_t$ 分别等于 2、4 和 6 时，b_t 与 h_t 比值的变化对最优成本的影响呈现出一致性的特征。最优成本随着 b_t 与 h_t 的比值的增加先迅速增加，再逐渐缓慢变小。特别地，当 b_t 与 h_t 的比值从零开始增长时，最优成本增加最快，并在 b_t 与 h_t 的比值达到 1 附近时，最优成本达到最大值。当 b_t 与 h_t 的比值大于 1 时，最优成本下降缓慢。另外，从图中也可以看到，在 $b_t + h_t$ 取值较大时，平均的最优成本也较大。

4.4.2　考虑需求优先级情境下的案例

1. 基本实验

公司 B 是欧洲一家售卖多媒体和电子产品的知名网络零售商。在研究考虑需求优先级的纯网络零售情境下补货计划问题的实验中，本小节选取了一种新型产品"Rotochamp"。通过对该网络零售商运营部门的调查了解到，这种商品的需求呈现出动态变化的特征。当顾客在网上购买该产品后，有两种配送服务可供选择：额外付费的快速配送和免运输费的普通配送。

实验选取 2013 年 8 月最后一周开始的 6 周时间作为问题的计划周期，一期的单位为半周，即总规划期为 $T = 12$ 个半周。低优先级顾客的需求提前期约为半周（$L_1 = 1$ 个半周），高优先级顾客的需求提前期短至 1 天，也就是说，高优先级顾客的订单总会在下达期内得到满足（可以理解为 $L_2 = 0$）。低优先级订单的最大延迟交付时间为 1 周（$G = 2$ 个半周）。固定订购成本（$s_t = 25$ 欧元）主要包括补货时的运输成本和人力成本。由于该产品为耐用品，其单位订购成本在规划期内非常稳定，在时期 t，$p_t = 31.95$ 欧元。和上一小节单一类型顾客情境下的案例不同，"Rotochamp"的单位库存持有成本（$h_t = 1$ 欧元）相对较小。另外，B 电商的配送政策规定，当顾客购买的产品售价小于 70 欧元时，将要额外支付 5 欧元的标准运送费，这也正是购买"Rotochamp"的情况（该产品售价为 59.95 欧元）。如果顾客选择快速配送（即为高优先级订单），还需再额外支付 5 欧元。运营决策者可以选择延迟交付低优先级订单，但作为惩罚，需要退还给顾客 5 欧元标准运送费。因此，这可能被退还的 5 欧元可以被看成固定延迟配送费用（$f_t = 5$ 欧元）。被延迟交付的订单仅在延迟的第一期会招致该项成本。于是，为了处理此项成本，可以在模型的目标函数中添加一成本项 $\sum_{t=1}^{T} f_t v_t^{l_1}$。在延迟交付时段的每一期，每一被延迟的订单还会产生单位延迟惩罚成本 $b_t = 1$ 欧元。表 4-2 显示了"Rotochamp"案例的实验结果。

表 4-2　　　考虑顾客优先级情境下"**Rotochamp**"的实验结果

t	0	1	2	3	4	5	6	7	8	9	10	11	12
v_t^0	3	0	0	7	12	0	0	7	0	11	0	8	0
v_t^1	0	0	0	0	7	0	0	0	0	0	0	0	0
v_t^2	0	0	0	0	0	0	0	0	0	0	0	0	0
d_t	—	10	5	7	12	8	8	7	10	11	7	8	13
d_t'	—	1	3	0	2	4	1	1	5	2	3	1	3
x_t	—	24	0	0	41	0	0	24	0	22	0	24
I_t	0	10	2	2	0	10	1	0	2	0	1	0	0

注：六周规划期内的最优总成本为 4473.25 欧元。

由表 4-2 可知，最优补给计划为：在第 1 个半周订购 24 单位产品，第 5 个半周订购 41 单位产品，第 8 个半周订购 24 单位产品，第 10 个半周订购 22 单位，最后第 12 个半周订购 24 单位。在第 2 个半周末的持有库存（$I_2 = 2$）并没有用来部分满足第 3 个半周到达的低优先级需求（$d_3 = 7$），而是满足第 4 个半周到达的高优先级需求（$d_4' = 2$）。这与性质 4.2 所述"某一时期到达的需求不会在不同时期被分别满足"是一致的。另外，从表 4-2 还可以发现，只有第 3 个半周到达的低优先级订单被延迟交付了，它们在第 5 个半周作为 v_4^1 被满足，且招致了固定的延迟交付成本。

当电商 B 不使用提前需求信息，即 $L_1 = 0$，$L_2 = 0$ 和 $G = 0$ 时，在采用经典动态批量模型的决策下，总成本为 4527.25 欧元。采用本章提出的考虑 ADI（$L_1 = 1$，$L_2 = 0$，$G = 2$）的方法，总成本可以降低 1.2%，至 4473.25 欧元。

2. L_1，L_2 与 G 的比较研究

在公司 B 的案例中，高优先级需求的提前期为 0（$L_2 = 0$），这种情

形也符合独立双渠道零售环境下的补货计划模型，只要进一步将高优先级顾客的需求 d_t' 看作独立双渠道情境中的线下顾客需求 w_t。

本小节依然使用"Rotochamp"的数据进行数值实验，观察 L_1 和 L_2 取不同值时对最优成本的影响。实验中，为了避免投机因素，依然将单位订购成本设为零。在 G 固定为不同值的情况下，让 L_1 由 1 到 4 整数变化，且 L_2 为整数，并小于 L_1，分别计算问题的最优总成本，结果如图 4-3 所示。

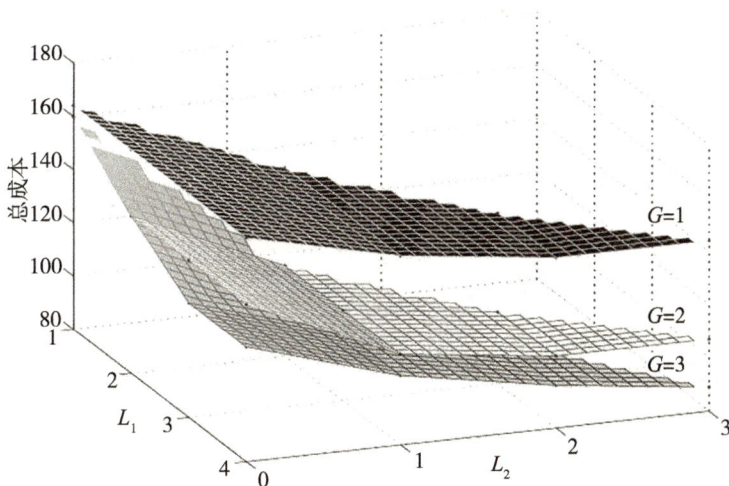

图 4-3 考虑需求优先级情境下不同 L_1 和 L_2 对应的最优成本

由图 4-3 可见，当 L_2 固定时，L_1 的变化对最优总成本的影响很小，甚至没有影响。例如，当 $L_2 = 0$ 且 $G = 1$ 时，变化 L_1 对成本没有影响。相反，当 L_1 固定时，增大 L_2 对减少最优总成本有显著作用。这是因为 L_2 总比 L_1 小，L_1 对减少总成本的作用会受到 L_2 的限制。观察图 4-3 中 G 分别等于 1、2 和 3 情况下的三个面，发现增大 G 对降低总的最优成本有显著效果。

4.4.3　互动双渠道情境下的案例

1. 基本实验

公司 D 是另一家在欧洲售卖电子和多媒体产品的知名零售商，它在网上经营的同时，也有线下实体商店。本节选取该电商售卖的一种家庭清扫机器人产品"iRobot"来进行互动双渠道情境下的实验。同样，该产品具有动态需求的特征。来自线上商店的顾客下单后，可以选择"配送到家"服务，也可以选择"线下商店自提"方式自行取货，后者即将线上渠道的顾客转移到了线下渠道。另外，顾客也可以直接到线下商店去选购该产品。

本小节的实验选取该产品从 2013 年 8 月开始的 6 周数据，一期同样为半周（$T = 12$ 个半周）。选择"配送到家"服务的顾客的需求提前期为 3~4 天（即 $L = 1$ 个半周），允许的最大延迟交付时间是一周（$G = 2$ 个半周）。选择到约定的附近线下商店自取货品的顾客的最大等待时间约为 1 个半周（$S = 1$）。

在该案例实验中，固定订购成本为 $s_t = 30$ 欧元，主要包括运输成本（从供应商到订单处理中心）和人力成本。由于"iRobot"的单位售价为 299 欧元，购买该产品的顾客都会享受免费配送的服务。当延迟交付发生时，单位产品在延迟期会招致 $b_t = 2$ 欧元的惩罚成本。产品在时期 t 的单位采购成本为 $p_t = 164.3$ 欧元，单位库存持有成本为 $h_t = 1.2$ 欧元。表 4-3 为互动双渠道环境下"iRobot"案例的实验结果。

表 4-3　　　　互动双渠道环境下"iRobot"的实验结果

t	0	1	2	3	4	5	6	7	8	9	10	11	12
v_t^0	1	0	0	3	0	0	5	0	5	0	0	7	0
v_t^1	0	0	0	0	0	0	0	0	0	0	0	0	0

t	0	1	2	3	4	5	6	7	8	9	10	11	12
v_t^2	0	0	0	0	0	0	0	0	0	0	0	0	0
u_t^0	1	0	0	0	0	0	0	0	2	0	0	3	0
d_t^{on}	—	4	3	3	5	4	5	3	5	5	4	7	8
d_t^{off}	—	1	0	0	2	1	0	1	2	2	1	3	1
w_t	—	3	3	1	2	4	2	4	3	5	4	3	5
x_t	—	17	0	0	23	0	0	16	0	31	0	0	24
I_t	0	7	1	0	11	2	0	3	0	12	3	0	0

注：六周规划期内的最优总成本为 18434.1 欧元。

由表 4-3 可知，最优补货计划为：在第 1 个半周订购 17 单位产品，第 4 个半周订购 23 单位，第 7 个半周订购 16 单位，第 9 个半周订购 31 单位，最后 1 个半周订购 24 单位。在该计划中，来自线下渠道的需求得到优先满足。例如，第 2 个半周末的持有库存 I_2 就被优先用来满足第 3 个半周的线下渠道需求 w_3，I_{10} 也用来满足 w_{11}。所有线上订单都没有被延迟，无论它们是通过配送服务满足还是通过顾客线下自取来满足。

当公司 D 不使用提前需求信息，即 $L=0$、$G=0$ 且 $S=0$ 时，采用经典动态批量补货决策对应的总成本为 18471.3 欧元。使用本章提出的考虑提前需求信息的动态批量补货方法（$L_1=1$，$L_2=1$，$G=2$），总成本降低了 0.2%，为 18434.3 欧元。虽然降比不高，但这是因为总成本中必要的单位订购成本占据了主要部分。去除单位订购成本的影响后，使本章的方法使得总成本降低了 15.9%。

2. L 与 S 的比较研究

接着，我们进行一个比较研究，来观察 L 和 S 的互动对最优总成本的影响。实验依然采用本小节"iRobot"的数据，并假设单位采购成本为零。尽管在本研究提出的模型和现实中，$S \leq L$ 才是合理的，这里依然放松该假设，并允许 $S > L$。实验结果如图 4-4 所示。

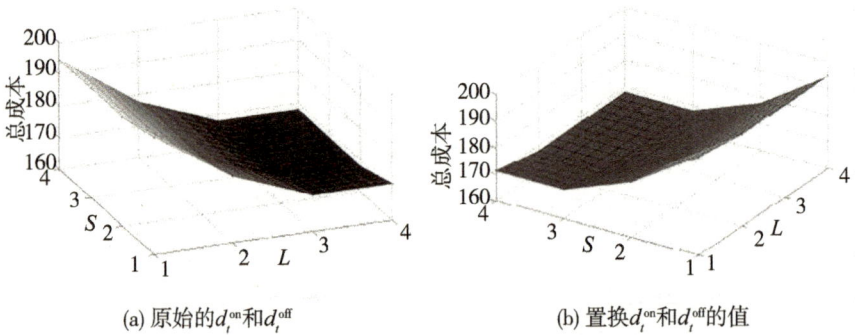

(a) 原始的 d_t^{on} 和 d_t^{off}　　　　　　　　　　(b) 置换 d_t^{on} 和 d_t^{off} 的值

图 4-4　互动双渠道情境下不同 L 和 S 对应的最优成本

图 4-4(a) 显示，在 L 固定为不同值的情况下，变化 S 对总的最优成本基本无影响。相反，变化 L 的影响却非常显著。当 L 增大时，总成本下降显著，这是因为受 S 影响的线下商店自取货物的顾客比受 L 影响的选取配送到家服务的顾客要少得多。为了增强该论断，通过将 d_t^{on} 和 d_t^{off} 的值相互置换，我们将实验重新进行了一遍，结果如图 4-4(b) 所示。我们发现了一个完全相反的结论：变化 L 对总成本基本无影响，而增加 S 却对减少总成本有正向作用。

然而，对于像公司 D 这样一个成熟的网络零售商，选择"配送到家"服务的顾客通常要比那些选择到线下商店自取货品的顾客多。由前段分析可知，在这种情况下，选取自提货品的顾客的等待时间 S 对总的库存成本基本无影响。于是，可以建议网络零售商为那些愿意自提货品的顾客提供更快的服务，即设置相对较短的 S。实际上，一些网络零售商已经采取了这种政策，比如法国的一家电商 Darty 就将 S 设置为 1 天。这不仅对总的库存成本几乎无影响，还可以吸引相对更多的顾客到线下商店自提货物，并带来额外的效益。例如，当顾客们到线下商店取货时，他们也许会有动机去购买店内其他的产品。

4.5　本章小结

本章在上一章问题的基础上，从需求时间窗的视角出发，构建了一个可以解决四种网络零售情境下补货计划问题的统一动态批量模型。然后，通过分析该统一模型得到了多条与最优解相关的性质，并设计了一个多项式时间的精确动态规划算法。最后，将该算法应用到来自几家实际网络零售商的数据中进行案例实验。结果显示，本研究的方法将补货与库存总成本平均降低了 2.3%。

本书研究问题的前提是网络零售商已经实施了 MRP 等工具来管理库存补给计划等问题，尤其是采用了动态批量模型来应对时变需求的产品补货问题。于是，本研究进一步将网络零售环境下的显著特征"提前需求信息"引入到动态批量模型中，并通过模型重新构建分析了提前需求信息与需求时间窗之间的关联，得到了一个解决所有问题的统一模型。本章设计得到的多项式动态规划算法能够容易地嵌入到 MRP 编程模块中，也能够通过一些免费的编程平台实现，从而帮助网络零售商避免使用昂贵的商业优化软件。本研究的单产品无能力约束模型还可以作为构建复杂模型的基础，比如多产品和多层级的批量补货模型。

第5章　基于产品预售的批量补货模型

　　科技进步和文化发展正引领着人们进入一个快节奏的时代。在某些产品的消费上，如手机等个人消费类电子产品和快时尚服装等，人们越来越追求风格的多样性和版本的换代更新。于是，在电子商务特别是网络零售行业逐步成熟的环境下，商家在推行这类销售期较短的新产品时，通常会采取网络预售的策略。所谓网络预售，是指商家先在其网络平台或第三方电商合作通道发布新产品信息，并同时启动产品预订，经过一段时期之后，才正式发售产品。销售期较短的新产品在进入市场时，需求波动和一些未知因素导致其库存控制往往难以被把握，库存积压或缺货带来的成本风险和损失也使得商家面临巨大挑战。而通过网络预售策略，商家就可以获取有利的提前需求信息来降低这些风险。因此，如何合理地制定网络预售产品的补货策略，对于商家降低运营成本有着重要意义。

　　网络预售产品主要有三个特点。第一，网络预售新产品的销售期通常较短，即具有短生命周期的特点。第二，在预售期，即商家发布产品信息并启动预订到正式发售该产品的这段时间内，顾客的预订行为已经导致需求发生，但实际上商家还未发售产品满足这些需求。而且，在实际中，预订新产品的顾客通常有较高的忠诚度或被商家要求支付订金来避免退订。因此，商家在预售期是缺货，且短缺量是完全拖后的。第三，预售期给商家提供了观察需求信息的好时机，对于商家制订后期补货计划，降低运营成本能起到积极作用。而针对不同的产品，商家也会

82

采取不同的预售策略，主要表现为固定的预售期和不固定的预售期这两种情况。一些商家在发布新产品信息并启动预订时，只会告知一个大致的发售时间，而不告诉顾客具体发售时间，此时，商家可以在预售期内观察到足够的信息来做一次性补货决策，并确定预售期的长度。还有一些商家在启动预订时会明确地告知产品发售时间，此时，商家在预售期内可能没充分了解市场需求信息，在产品发售点的第一次补货通常较为保守，补充的库存也会快速耗尽，需要进行第二次补货来满足剩下的需求。

本章涉及以下三类研究：起始有缺货的库存模型，短生命周期产品的库存或补货策略，网络零售商的库存管理。首先，在起始有缺货的库存模型方面，已有许多学者研究。Wu 等（2000）最先在 Mandal 等（1998）提出的变质产品库存模型上进行延伸，考虑了起始有缺货的补货模型。此后，在他们的基础上，一些学者研究了基于不同假设的起始有缺货的库存模型。这些文献研究的都是在经济补货批量模型（EOQ）的基础上的一次补货模型（Deng 等，2007；Skouri 等，2009）。而针对不同的网络预售策略，本研究不仅考虑了起始有缺货的一次补货模型，而且还研究了起始有缺货的两次补货模型。

关于短生命周期产品的库存和补货策略的研究也有很多。例如，Kurawarwala 和 Matsuo（1996）将需求预测和库存管理相结合，提出了在整个生命周期内对短生命周期产品的月度需求进行预测的 BASS 增长模型，并建立了报童型的库存模型。Zhu 和 Thonemann（2004）研究了短生命周期新产品的库存管理问题，利用相似产品的真实需求信息，通过贝叶斯方法来自适应地更新 BASS 需求模型中的参数分布，从而高效地管理库存。在国内学者中，徐贤浩和余双琪（2007）在产品生命周期前期不存在缺货的情况下，比较了短生命周期产品分别在理想状态、允许缺货以及价格折扣导致需求率变化三种状态下的库存模型。一些学者还研究了短生命周期产品的两次补货策略（陈军等，2009；徐贤浩等，2013），但这些研究都假设规划期开始的时候就有一次补货，和网络预售产品的特点不相符。

　　网络预售产品的补货策略还与网络零售商的库存管理相关，本书在第 1 章对相关研究做了详细综述。大致来说，已有文献中相关研究主要分为两类：一类是针对纯网络零售商的库存策略。例如，Allgor 等(2004)考虑随机需求，将一个传统的两阶段连续库存系统应用到纯网络零售的环境中，有效地降低了运营成本。纯网络零售商的终端客户分布很散，通常面临较高的订单运输和配送费用。一些学者研究了不同的策略和方法来直接降低这些成本，如库存分配策略、补货策略、订单分配与物流配送联合优化方法等；还有学者考虑了间接降低成本的方法，如通过优化车辆路径来缩短配送时间。另一类是针对多渠道或双渠道环境下零售商的库存协调补给问题。Seifert 等(2006)提出了一个网络直销渠道和线下销售渠道共享库存的供应合同方案，线下零售合作商可以用闲余库存来满足网络订单。刘丽文和王欣宇(2008)考虑高、低两种不同优先级的需求，研究了在网络零售商同时采用自有库存和供应商代发货方式履行订单的情况下，基于阈值的库存分配策略。在双渠道环境下，也有一些网络零售商提供顾客配送到家或自取订单等多种选择，有学者研究在这种运营模式下如何根据实时信息制定相应的库存分配策略，以帮助零售商动态地确定线下自提商店的地址和数目(Mahar 等，2012；Bretthauer 等，2010)。这些研究大多是针对整体的库存分配策略，而没有针对产品特征的补货策略。

　　综上，本章根据网络预售产品的三个显著特点，采用调整的 BASS 模型构造一个产品生命周期内的斜坡型需求函数，基于预售期是否固定的特征，制定了两种补货策略：

　　1) 当预售期不固定，即商家发布新产品后不告知多长时间后发售该产品的情况下，采用一次补货策略，并据此决定何时进行补货，即确定预售期的时间跨度；

　　2) 当预售期固定，即商家发布产品后告知多长时间后发售该产品的情况下，采用两次补货策略。此时，经营者需要找到第一次补货后库存水平降为零的时间点，并确定第二次补货的时间点。

这两种补货策略模型都是起始有缺货，且缺货量在预售期是完全拖后的，在两次补货策略下，第二次缺货却是部分拖后的。另外，两种补货策略都考虑了产品的无形变质。在两种补货策略下，本章分别根据商家对于补货时间点的选择，讨论了多种补货子模型，并通过模型分析找出各自的总成本最小的情况，对两种补货策略模型下的子模型进行比较，从而得到了对应的最优一次和两次补货策略。

和以往研究相比，本章的主要创新在于深入到产品层面，专门研究网络零售商的预售产品的补货策略，并进一步考虑商家对不同产品可能采取的不固定预售期和固定预售期这两种策略，通过模型分析与求解，分别得到了对应的最优一次补货策略和两次补货策略。利用本章的方法，商家可以根据不同产品的参数水平，在不同的预售策略下找到相应的最佳补货方案。当预售期不固定时，商家可以根据最优一次补货策略找到最佳预售期长度，以及在发售点的补货量；当预售期固定时，商家不仅可以根据最优两次补货策略确定发售点的补货量，而且还能找到库存降为零的时间点，以及第二次补货的最佳时间点和订购量。本章的数值实验就将两种补货策略分别应用到同一算例中，得到了各自的最优补货结果。

5.1 网络预售产品的补货模型构建

5.1.1 模型假设和符号

根据网络预售产品的特点和实际补货问题，作以下基本假设：

(1)网络预售新产品的销售期通常较短，具有短生命周期的特征。根据文献[123]，新进入市场的短生命周期产品在其整个生命周期内的需求呈现出先快速增长，随后趋于平稳，最后迅速降为零这样一种与时间的斜坡型函数关系，具体需求函数如下：

$$f(t) = \begin{cases} m\dfrac{p(p+q)^2 e^{-(p+q)t}}{\left[p + qe^{-(p+q)t}\right]^2}, & 0 \leqslant t \leqslant \sigma \\[4mm] m\dfrac{p(p+q)^2 e^{-(p+q)\sigma}}{\left[p + qe^{-(p+q)\sigma}\right]^2}, & \sigma \leqslant t \leqslant L \end{cases}$$

其中，L 为产品的生命周期，σ 表示需求开始进入成熟期的时间点，均为已知参数。m 为该产品的市场容量，p 为消费者创新系数，q 为消费者模仿系数，均可根据 BASS 模型并利用市场数据拟合估计得到。

（2）无补货提前期，即补货后库存立即得到补充。

（3）产品的预售期存在固定和不固定的两种情况。当预售期不固定的时候，商家采用一次补货策略；当预售期固定的时候，商家采用两次补货策略。

（4）网络预售产品销售期短，很容易发生贬值，因此考虑产品在存储期间的无形变质损失。本研究采用文献［123］的假设，即无形损失与产品的消费者创新系数与模仿系数之和 $p + q$ 成反比关系，直接体现在库存持有成本上。若用 h 表示单位产品单位时间的库存持有成本，则单位产品从时刻 t_1 到 t_2 的库存持有成本为 $h\displaystyle\int_{t_1}^{t_2} \dfrac{t_2 - t_1}{\alpha(p+q)} \mathrm{d}t$，其中 α 为待定参数。

（5）允许缺货，但在最后补货周期内不允许。由于网络预售产品发布之后立即启动预订，在没有接触过实际产品的情况下决定订购的顾客通常都愿意等待，所以在预售期内是缺货，且缺货量是完全拖后的。产品发售之后由于顾客实际接触了产品，当再次出现缺货时，可能只有一部分顾客愿意等待。因而在两次补货策略下，预售期之后的再次缺货量则是部分拖后的，剩下的缺货则成为销售损失。假设短缺拖后比例为 $\theta = \beta(p+q)$，$0 < \theta < 1$，其中 β 为待定参数。

模型采用的符号说明见表 5-1。

表 5-1   符号说明

符号	释义	符号	释义
$f(t)$	t 时刻的需求率	l	单位产品销售损失成本
$I(t)$	t 时刻的库存水平	T_i	i 周期内库存水平为零的时间点
s	补货固定成本	t_i	第 i 个补货时间点
h	单位时间单位产品的库存持有成本	$\mathrm{TC}_i(t_1)$	一次补货策略中第 i 种情境下的总库存成本
b	单位时间单位产品的短缺拖后成本	$\mathrm{TC}_i(T_2,\ t_2)$	两次补货策略中第 i 种情境下的总库存成本

5.1.2　一次补货策略

　　商家发布产品信息并启动预订的时间点为产品生命周期的起始点，计划也由此开始。此时库存水平为 0，记该起始时间点为 T_1。从起始点一直到产品正式发售这段时间，被称为预售期，产品发售的时间点即为商家的第一次补货点，记为 t_1。当预售期不确定，即商家需要来决策 t_1 的时候，采用一次补货策略，即只在 t_1 补货，用来立刻满足预售期的订单需求，剩下的作为库存来满足 t_1 直到产品生命周期结束时间点 L 间的需求。在一次补货策略下，根据产品进入成熟期时间点 σ 和补货时间点 t_1 的关系，考虑如图 5-1 所示的两种库存模型。

　　如图 5-1(a)所示，当 $t_1 < \sigma$ 时，库存水平 $I(t)$，$0 \leqslant t \leqslant L$ 满足以下方程：

$$\frac{\mathrm{d}I(t)}{\mathrm{d}t} = -f(t), \quad 0 \leqslant t < t_1,\ I(0) = 0 \tag{5.1}$$

$$\frac{\mathrm{d}I(t)}{\mathrm{d}t} = -f(t), \quad t_1 \leqslant t \leqslant \sigma,\ I(\sigma^-) = I(\sigma^+) \tag{5.2}$$

$$\frac{\mathrm{d}I(t)}{\mathrm{d}t} = -f(\sigma), \quad \sigma \leqslant t \leqslant L,\ I(L) = 0 \tag{5.3}$$

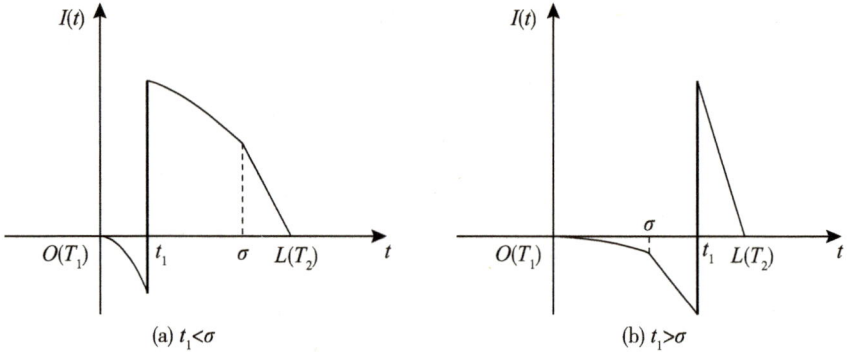

图 5-1　一次补货模型

对式(5.1)~式(5.3)积分求解，得

$$I(t) = -\int_0^t f(x)\,\mathrm{d}x, \quad 0 \leqslant t < t_1 \qquad (5.4)$$

$$I(t) = \int_t^\sigma f(x)\,\mathrm{d}x + \int_\sigma^L f(\sigma)\,\mathrm{d}x, \quad t_1 \leqslant t \leqslant \sigma \qquad (5.5)$$

$$I(t) = \int_t^L f(\sigma)\,\mathrm{d}x, \quad \sigma \leqslant t \leqslant L \qquad (5.6)$$

于是，根据式 (5.4)，可求得 $[0, t_1]$ 内的累积短缺拖后量为

$$B = \int_0^{t_1} \left[\int_0^t f(x)\,\mathrm{d}x \right]\mathrm{d}t$$

根据式 (5.5) 和式(5.6)，$[t_1, L]$ 内的累积库存持有量为

$$I = \int_{t_1}^\sigma \left[\int_t^\sigma f(x)\,\mathrm{d}x + \int_\sigma^L f(\sigma)\,\mathrm{d}x \right]\mathrm{d}t + \int_\sigma^L \left[\int_t^L f(\sigma)\,\mathrm{d}x \right]\mathrm{d}t$$

因此，当 $t_1 < \sigma$ 时，$[0, L]$ 内总的成本为

$$\begin{aligned}
\mathrm{TC}_1(t_1) = & s + \frac{h}{\alpha(p+q)}\Big\{ \int_{t_1}^\sigma (t-t_1)\left[\int_t^\sigma f(x)\,\mathrm{d}x + \int_\sigma^L f(\sigma)\,\mathrm{d}x \right]\mathrm{d}t \\
& + \int_\sigma^L (t-t_1)\left[\int_t^L f(\sigma)\,\mathrm{d}x \right]\mathrm{d}t \Big\} + b\Big\{ \int_0^{t_1}\left[\int_0^t f(x)\,\mathrm{d}x \right]\mathrm{d}t \Big\}
\end{aligned}$$

$$(5.7)$$

$[0, t_1]$ 内的总短缺拖后量为

$$S = \int_0^{t_1} f(x)\,\mathrm{d}x$$

总补货量 Q 为 t_1 时间点补货后的库存水平加上 t_1 时间点补货前的短缺拖后量，即

$$Q = \int_{t_1}^{\sigma} f(x)\,\mathrm{d}x + \int_{\sigma}^{L} f(\sigma)\,\mathrm{d}x + \int_0^{t_1} f(x)\,\mathrm{d}x.$$

如图 5-1(b) 所示，当 $t_1 > \sigma$ 时，库存水平 $I(t)$，$0 \leq t \leq L$ 满足以下方程：

$$\frac{\mathrm{d}I(t)}{\mathrm{d}t} = -f(t), \quad 0 \leq t \leq \sigma,\ I(0) = 0 \qquad (5.8)$$

$$\frac{\mathrm{d}I(t)}{\mathrm{d}t} = -f(\sigma), \quad \sigma \leq t < t_1,\ I(\sigma^-) = I(\sigma^+) \qquad (5.9)$$

$$\frac{\mathrm{d}I(t)}{\mathrm{d}t} = -f(\sigma), \quad t_1 \leq t \leq L,\ I(L) = 0 \qquad (5.10)$$

方程(5.8)~方程(5.10)的解为

$$I(t) = -\int_0^t f(x)\,\mathrm{d}x, \quad 0 \leq t \leq \sigma$$

$$I(t) = -\int_0^{\sigma} f(x)\,\mathrm{d}x - \int_{\sigma}^t f(\sigma)\,\mathrm{d}x, \quad \sigma \leq t \leq t_1$$

$$I(t) = \int_t^L f(\sigma)\,\mathrm{d}x, \quad t_1 \leq t \leq L$$

进而可求得 $[0,\ t_1]$ 内的累积短缺拖后量为

$$B = \int_0^{\sigma}\int_0^t f(x)\,\mathrm{d}x\mathrm{d}t + \int_{\sigma}^{t_1}\Big[\int_0^{\sigma} f(x)\,\mathrm{d}x + \int_{\sigma}^t f(\sigma)\,\mathrm{d}x\Big]\mathrm{d}t$$

$[t_1,\ L]$ 内累积库存持有量为

$$I = \int_{t_1}^L\int_t^L f(\sigma)\,\mathrm{d}x\mathrm{d}t$$

于是，当 $t_1 > \sigma$ 时，$[0,\ L]$ 内总的成本为

$$\mathrm{TC}_2(t_1) = s + \frac{h}{\alpha(p+q)}\Big\{\int_{t_1}^L (t - t_1)\Big[\int_t^L f(\sigma)\,\mathrm{d}x\Big]\mathrm{d}t\Big\}$$

$$+ b\Big\{\int_0^{\sigma}\Big[\int_0^t f(x)\,\mathrm{d}x\Big]\mathrm{d}t + \int_{\sigma}^{t_1}\Big[\int_0^{\sigma} f(x)\,\mathrm{d}x + \int_{\sigma}^t f(\sigma)\,\mathrm{d}x\Big]\mathrm{d}t\Big\}$$

$$(5.11)$$

总短缺拖后量 S 和总补货量 Q 分别为

$$S = \int_0^\sigma f(x)\,\mathrm{d}x + \int_\sigma^{t_1} f(\sigma)\,\mathrm{d}x$$

$$Q = \int_{t_1}^{L} f(\sigma)\,\mathrm{d}x + \int_0^\sigma f(x)\,\mathrm{d}x + \int_\sigma^{t_1} f(\sigma)\,\mathrm{d}x$$

5.1.3　两次补货策略

当商家发布预售新产品信息后立即启动预订并告知顾客过多长时间开始发售时，即产品的预售期确定时，商家采用两次补货策略。第一次补货发生在产品发售时间点 t_1，且由实际问题，t_1 小于产品需求进入成熟期时间点 σ。当库存水平降为零并导致缺货后，允许商家进行第二次补货来立即满足拖后的缺货量和剩下产品生命周期内的需求。在两次补货策略下，根据产品进入成熟期时间点 σ 和第一次补货时间点 t_1、第二次补货时间点 t_2 以及第二次零库存时间点 T_2 的关系，考虑如图 5-2 所示的三种库存模型。

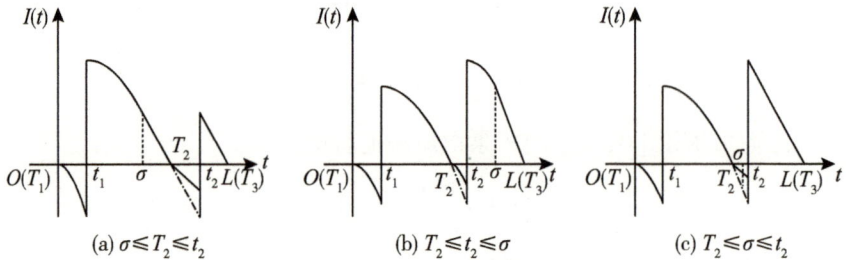

图 5-2　两次补货模型

如图 5-2(a)所示，当 $\sigma \leqslant T_2 \leqslant t_2$ 时，库存水平 $I(t)$，$0 \leqslant t \leqslant L$，满足以下方程：

$$\frac{\mathrm{d}I(t)}{\mathrm{d}t} = -f(t),$$

$$0 \leqslant t < t_1,\ t_1 \leqslant t \leqslant \sigma,\ I(0)=0,\ I(\sigma^-)=I(\sigma^+) \qquad (5.12)$$

$$\frac{\mathrm{d}I(t)}{\mathrm{d}t} = -f(\sigma),$$

$$\sigma \leq t \leq T_2,\ t_2 \leq t \leq L,\ I(L) = 0 \qquad (5.13)$$

$$\frac{\mathrm{d}I(t)}{\mathrm{d}t} = -\beta(p+q)f(\sigma),$$

$$T_2 \leq t < t_2,\ I(T_2) = 0 \qquad (5.14)$$

方程(5.12)~方程(5.14)的解为

$$I(t) = -\int_0^t f(x)\,\mathrm{d}x,\ 0 \leq t < t_1 \qquad (5.15)$$

$$I(t) = \int_t^\sigma f(x)\,\mathrm{d}x + \int_\sigma^{T_2} f(\sigma)\,\mathrm{d}x,\ t_1 \leq t \leq \sigma \qquad (5.16)$$

$$I(t) = \int_t^{T_2} f(\sigma)\,\mathrm{d}x,\ \sigma \leq t \leq T_2 \qquad (5.17)$$

$$I(t) = \int_t^L f(\sigma)\,\mathrm{d}x,\ t_2 \leq t \leq L \qquad (5.18)$$

$$I(t) = -\int_{T_2}^t \beta(p+q)f(\sigma)\,\mathrm{d}x,\ T_2 \leq t < t_2 \qquad (5.19)$$

于是，可由式(5.15)求得 $[0,\ t_1]$ 内的累积短缺拖后量为

$$B_1 = \int_0^{t_1}\int_0^t f(x)\,\mathrm{d}x\mathrm{d}t$$

由式(5.16)和式(5.17)，$[t_1,\ T_2]$ 内的累积库存持有量为

$$I_1 = \int_{t_1}^\sigma \left[\int_t^\sigma f(x)\,\mathrm{d}x + \int_\sigma^{T_2} f(\sigma)\,\mathrm{d}x\right]\mathrm{d}t + \int_\sigma^{T_2}\int_t^{T_2} f(\sigma)\,\mathrm{d}x\mathrm{d}t$$

由式(5.18)，$[t_2,\ L]$ 的累积库存持有量为

$$I_2 = \int_{t_2}^L\int_t^L f(\sigma)\,\mathrm{d}x\mathrm{d}t$$

由式(5.19)，$[T_2,\ t_2]$ 内的累积短缺拖后量为

$$B_2 = \int_{T_2}^{t_2}\left[\int_{T_2}^t \beta(p+q)f(\sigma)\,\mathrm{d}x\right]\mathrm{d}t$$

$[T_2,\ t_2]$ 内的销售损失量为

$$\mathrm{LS} = \int_{T_2}^{t_2}[1-\beta(p+q)]f(\sigma)\,\mathrm{d}t$$

因此，当 $\sigma \le T_2 \le t_2$ 时，$[0,\ L]$ 内总的成本为

$$\mathrm{TC}_1(T_2,\ t_2) = 2s + \frac{h}{\alpha(p+q)}\Big\{ \int_{t_1}^{\sigma}(t-t_1)\Big[\int_{t}^{\sigma}f(x)\,\mathrm{d}x + \int_{\sigma}^{T_2}f(\sigma)\,\mathrm{d}x\Big]\mathrm{d}t +$$

$$\int_{\sigma}^{T_2}(t-t_1)\int_{t}^{T_2}f(\sigma)\,\mathrm{d}x\mathrm{d}t + \int_{t_2}^{L}(t-t_2)\int_{t}^{L}f(\sigma)\,\mathrm{d}x\mathrm{d}t\Big\} +$$

$$b\Big\{\int_{0}^{t_1}\Big[\int_{0}^{t}f(x)\,\mathrm{d}x\Big]\mathrm{d}t + \int_{T_2}^{t_2}\Big[\int_{T_2}^{t}\beta(p+q)f(\sigma)\,\mathrm{d}x\Big]\mathrm{d}t\Big\} +$$

$$l\int_{T_2}^{t_2}[1-\beta(p+q)]f(\sigma)\,\mathrm{d}t \tag{5.20}$$

$[0,\ t_1]$ 和 $[T_2,\ t_2]$ 内的总短缺拖后量为

$$S = \int_{0}^{t_1}f(x)\,\mathrm{d}x + \int_{T_2}^{t_2}\beta(p+q)f(\sigma)\,\mathrm{d}x$$

补货量 Q_1 为 t_1 处的库存水平加上 $[0,\ t_1]$ 内的短缺拖后量，补货量 Q_2 为 t_2 的库存水平加上 $[T_2,\ t_2]$ 的短缺拖后量，即

$$Q_1 = \int_{t_1}^{\sigma}f(x)\,\mathrm{d}x + \int_{\sigma}^{T_2}f(\sigma)\,\mathrm{d}x + \int_{0}^{t_1}f(x)\,\mathrm{d}x$$

$$Q_2 = \int_{t_2}^{L}f(\sigma)\,\mathrm{d}x + \int_{T_2}^{t_2}\beta(p+q)f(\sigma)\,\mathrm{d}x$$

如图 5-2(b) 所示，当 $T_2 \le t_2 \le \sigma$ 时，库存水平 $I(t)$，$0 \le t \le L$，满足以下方程：

$$\frac{\mathrm{d}I(t)}{\mathrm{d}t} = -f(t),\ 0 \le t < t_1,\ t_1 \le t \le T_2,\ t_2 \le t \le \sigma,\ I(0) = 0$$

$$\frac{\mathrm{d}I(t)}{\mathrm{d}t} = -\beta(p+q)f(t),\ T_2 \le t < t_2,\ I(T_2) = 0$$

$$\frac{\mathrm{d}I(t)}{\mathrm{d}t} = -f(\sigma),\ \sigma \le t \le L,\ I(\sigma^-) = I(\sigma^+),\ I(L) = 0$$

对以上方程组求解，进而求得 $[0,\ t_1]$ 内的累积短缺拖后量为 $B_1 = \int_{0}^{t_1}\int_{0}^{t}f(x)\,\mathrm{d}x\mathrm{d}t$。$[t_1,\ T_2]$ 内的累积库存持有量为 $I_1 = \int_{t_1}^{T_2}\int_{t}^{T_2}f(x)\,\mathrm{d}x\mathrm{d}t$。$[T_2,\ t_2]$ 内的累积短缺拖后量为 $B_2 = \int_{T_2}^{t_2}\Big[\int_{T_2}^{t}\beta(p+q)f(x)\,\mathrm{d}x\Big]\mathrm{d}t$，销售

损失量为 $LS = \int_{T_2}^{t_2} [1 - \beta(p + q)] f(t) dt$。$[t_2, L]$ 的累积库存持有量为

$I_2 = \int_{t_2}^{\sigma} \left[\int_t^{\sigma} f(x) dx + \int_{\sigma}^{L} f(\sigma) dx \right] dt + \int_{\sigma}^{L} \int_t^{L} f(\sigma) dx dt$。因此，当 $T_2 \leqslant t_2 \leqslant \sigma$ 时，$[0, L]$ 内总的成本为

$$
\begin{aligned}
\mathrm{TC}_2(T_2, t_2) = 2s + \frac{h}{\alpha(p + q)} &\left\{ \int_{t_1}^{T_2} (t - t_1) \int_t^{T_2} f(x) dx dt \right. \\
&+ \int_{t_2}^{\sigma} (t - t_2) \left[\int_t^{\sigma} f(x) dx + (L - \sigma) f(\sigma) \right] dt \\
&+ f(\sigma) \int_{\sigma}^{L} (t - t_2)(L - t) dt \left. \right\} + b \left\{ \int_0^{t_1} \left[\int_0^t f(x) dx \right] dt \right. \\
&+ \int_{T_2}^{t_2} \left[\int_{T_2}^{t} \beta(p + q) f(x) dx \right] dt \left. \right\} \\
&+ l \int_{T_2}^{t_2} [1 - \beta(p + q)] f(t) dt
\end{aligned}
\tag{5.21}
$$

总短缺拖后量、t_1 点的补货量和 t_2 点补货量分别为

$$
S = \int_0^{t_1} f(x) dx + \int_{T_2}^{t_2} \beta(p + q) f(x) dx
$$

$$
Q_1 = \int_{t_1}^{T_2} f(x) dx + \int_0^{t_1} f(x) dx
$$

$$
Q_2 = \int_{t_2}^{\sigma} f(x) dx + \int_{\sigma}^{L} f(\sigma) dx + \int_{T_2}^{t_2} \beta(p + q) f(x) dx
$$

如图 5-2(c)所示，当 $T_2 \leqslant \sigma \leqslant t_2$ 时，库存水平 $I(t)$，$0 \leqslant t \leqslant L$，满足以下方程：

$$
\frac{dI(t)}{dt} = -f(t), \ 0 \leqslant t < t_1, \ t_1 \leqslant t \leqslant T_2, \ I(0) = 0
$$

$$
\frac{dI(t)}{dt} = -\beta(p + q) f(t), \ T_2 \leqslant t \leqslant \sigma, \ I(T_2) = 0
$$

$$
\frac{dI(t)}{dt} = -\beta(p + q) f(\sigma), \ \sigma \leqslant t < t_2, \ I(\sigma^-) = I(\sigma^+)
$$

$$
\frac{dI(t)}{dt} = -f(\sigma), \ t_2 \leqslant t \leqslant L, \ I(L) = 0
$$

于是，$[0, t_1]$ 和 $[T_2, t_2]$ 内的累积短缺拖后量分别为 $B_1 = \int_0^{t_1} \int_0^t f(x) \mathrm{d}x \mathrm{d}t$，$B_2 = \int_{T_2}^{\sigma} \left[\int_{T_2}^t \beta(p+q) f(x) \mathrm{d}x \right] \mathrm{d}t + \int_{\sigma}^{t_2} \left[\int_{T_2}^{\sigma} \beta(p+q) f(x) \mathrm{d}x + \int_{\sigma}^t \beta(p+q) f(\sigma) \mathrm{d}x \right] \mathrm{d}t$。$[T_2, t_2]$ 内的销售损失量为 $\mathrm{LS} = \int_{T_2}^{\sigma} [1 - \beta(p+q)] f(t) \mathrm{d}t + \int_{\sigma}^{t_2} [1 - \beta(p+q)] f(\sigma) \mathrm{d}t$。$[t_1, T_2]$ 内的累积库存持有量为 $I_1 = \int_{t_1}^{T_2} \int_t^{T_2} f(x) \mathrm{d}x \mathrm{d}t$，$[t_2, L]$ 内的累积库存持有量为 $I_2 = \int_{t_2}^{L} \int_t^{L} f(\sigma) \mathrm{d}x \mathrm{d}t$。因此，当 $T_2 \leqslant \sigma \leqslant t_2$ 时，$[0, L]$ 内总的成本为

$$
\begin{aligned}
\mathrm{TC}_3(T_2, t_2) = {} & 2s + \frac{h}{\alpha(p+q)} \left\{ \int_{t_1}^{T_2} (t - t_1) \int_t^{T_2} f(x) \mathrm{d}x \mathrm{d}t \right. \\
& \left. + \int_{t_2}^{L} (t - t_2) \int_t^{L} f(\sigma) \mathrm{d}x \mathrm{d}t \right\} \\
& + l[1 - \beta(p+q)] \left\{ \int_{T_2}^{\sigma} f(t) \mathrm{d}t + \int_{\sigma}^{t_2} f(\sigma) \mathrm{d}t \right\} \\
& + b \left\{ \int_0^{t_1} \left[\int_0^t f(x) \mathrm{d}x \right] \mathrm{d}t + \int_{T_2}^{\sigma} \left[\int_{T_2}^t \beta(p+q) f(x) \mathrm{d}x \right] \mathrm{d}t \right. \\
& \left. + \beta(p+q) \int_{\sigma}^{t_2} \left[\int_{T_2}^{\sigma} f(x) \mathrm{d}x + \int_{\sigma}^t f(\sigma) \mathrm{d}x \right] \mathrm{d}t \right\} \quad (5.22)
\end{aligned}
$$

总短缺拖后量、第一次补货量和第二次补货量分别为

$$
S = \int_0^{t_1} f(x) \mathrm{d}x + \int_{T_2}^{\sigma} \beta(p+q) f(x) \mathrm{d}x + \int_{\sigma}^{t_2} \beta(p+q) f(\sigma) \mathrm{d}x
$$

$$
Q_1 = \int_{t_1}^{T_2} f(x) \mathrm{d}x + \int_0^{t_1} f(x) \mathrm{d}x
$$

$$
Q_2 = \int_{t_2}^{L} f(\sigma) \mathrm{d}x + \int_{T_2}^{\sigma} \beta(p+q) f(x) \mathrm{d}x + \int_{\sigma}^{t_2} \beta(p+q) f(\sigma) \mathrm{d}x
$$

5.2　最优补货策略

5.2.1　一次最优补货策略分析

根据式（5.7）和式（5.11），一次补货策略下的 $[0, L]$ 内的总成

本为

$$TC(t_1) = \begin{cases} TC_1(t_1), & t_1 \leqslant \sigma \\ TC_2(t_1), & t_1 > \sigma \end{cases}$$

显然，$TC(t_1)$ 在 $t_1 = \sigma$ 处连续，首先对 $TC_1(t_1)$ 求关于 t_1 的一阶导数，并令其为 0，可得

$$-\frac{h}{\alpha(p+q)} \left\{ \int_{t_1}^{\sigma} \left[\int_t^{\sigma} f(x) \, dx + \int_{\sigma}^{L} f(\sigma) \, dx \right] dt + \frac{1}{2} f(\sigma)(L-\sigma)^2 \right\}$$

$$+ b \int_0^{t_1} f(x) \, dx = 0 \qquad (5.23)$$

若 t_1^* 是方程 (5.23) 的根，则 $TC_1(t_1)$ 关于 t_1 的二阶导数在 t_1^* 处必须大于 0 时，TC_1 才在该点取极小值，即

$$\frac{d^2 TC_1(t_1)}{dt_1^2} = \frac{h}{\alpha(p+q)} \left(\int_{t_1}^{\sigma} f(x) \, dx + \int_{\sigma}^{L} f(\sigma) \, dx \right) + bf(t_1) > 0$$

$$(5.24)$$

因为各参数均大于零，且需求率为正，不等式 (5.24) 显然成立，因而可由式 (5.23) 求得 TC_1 的极小值点。

同样的，再将 $TC_2(t_1)$ 对 t_1 分别求一阶和二阶导数，并令一阶导数为零，可得

$$\frac{dTC_2(t_1)}{dt_1} = -\frac{h}{\alpha(p+q)}(L-t_1)^2 f(\sigma) + b \left[\int_0^{\sigma} f(x) \, dx + \int_{\sigma}^{t_1} f(\sigma) \, dx \right] = 0$$

$$(5.25)$$

$$\frac{d^2 TC_2(t_1)}{dt_1^2} = \frac{2h}{\alpha(p+q)}(L-t_1)f(\sigma) + bf(\sigma) \qquad (5.26)$$

在式 (5.26) 中，$L > t_1$，$f(\sigma) > 0$，且其他参数都为正，故 $TC_2(t_1)$ 关于 t_1 的二阶导数大于零。所以，可由式 (5.25)，即 $\dfrac{dTC_2(t_1)}{dt_1} = 0$，来求得 TC_2 的极小值点。

于是，可以采用以下步骤来求得一次补货策略下的最优补货点 t_1^*：

步骤一：（1）找到 $TC_1(t_1)$ 的全局最小点 t_1^1，假设由方程（5.23）求得的根为 $t_1 = t_1'$，则 $TC_1(t_1^1) = \min\{TC_1(t_1^1),\ TC_1(0),\ TC_1(\sigma)\}$。

（2）找到 $TC_2(t_1)$ 的全局最小点 t_1^2，假设由方程（5.25）求得的根为 $t_1 = t_1''$，则 $TC_2(t_1^2) = \min\{TC_2(t_1^2),\ TC_2(\sigma),\ TC_2(L)\}$。

步骤二：根据 $\min\{TC_1(t_1^1),\ TC_2(t_1^2)\}$ 找到一次补货策略下的最优补货点 t_1^*，并求得相应的最优补货量。

5.2.2　两次最优补货策略分析

根据式（5.20）~式（5.22），两次补货策略下的 $[0,\ L]$ 内的总成本为

$$TC(T_2,\ t_2) = \begin{cases} TC_1(T_2,\ t_2),\ t_1 \leqslant \sigma \leqslant T_2 \\ TC_2(T_2,\ t_2),\ t_2 \leqslant \sigma < L \\ TC_3(T_2,\ t_2),\ T_2 \leqslant \sigma \leqslant t_2 \end{cases}$$

在线零售商在发布产品信息后通常是在一个固定时间后开始正式发售产品，也就是说，在两次策略补货系统中，t_1 是一个固定值，由决策者根据实际情况提前制定。因此，决策变量为 T_2 和 t_2，即产品正式发售后库存降为零的时间点和第二次补货的时间点。这是一个二元极小值问题，故需要根据黑塞矩阵的正定性来判定。成本函数 $TC_i(T_2,\ t_2)$ 在点 $P(T_2^*,\ t_2^*)$ 的黑塞矩阵为

$$\boldsymbol{H} = \begin{bmatrix} \dfrac{\partial^2\ TC_i}{\partial T_2^2} & \dfrac{\partial^2\ TC_i}{\partial T_2 \partial t_2} \\ \dfrac{\partial^2\ TC_i}{\partial t_2 \partial T_2} & \dfrac{\partial^2\ TC_i}{\partial t_2^2} \end{bmatrix}$$

其中，$i = 1,\ 2,\ 3$。

当 $\boldsymbol{H}$ 正定，即各阶顺序主子式大于零时，点 P^* 为 $TC_i(T_2,\ t_2)$ 的极小值点。

（1）当 $t_1 \leqslant \sigma \leqslant T_2$ 时，对 $TC_1(T_2,\ t_2)$ 求关于 T_2 的一阶和二阶偏

导，有

$$\frac{\partial \mathrm{TC}_1}{\partial T_2} = \frac{h}{2\alpha(p+q)} f(\sigma)(T_2 - t_1)^2 - b\beta(p+q)f(\sigma)(t_2 - T_2) \tag{5.27}$$

$$- l[1 - \beta(p+q)]f(\sigma)$$

$$\frac{\partial^2 \mathrm{TC}_1}{\partial T_2^2} = \frac{h}{\alpha(p+q)}(T_2 - t_1)f(\sigma) + b\beta(p+q)f(\sigma) > 0 \tag{5.28}$$

由式（5.27）再对 t_2 求偏导，得

$$\frac{\partial^2 \mathrm{TC}_1}{\partial T_2 \partial t_2} = -b\beta(p+q)f(\sigma) \tag{5.29}$$

同样的，将 $\mathrm{TC}_1(T_2, t_2)$ 求关于 t_2 的一阶和二阶偏导，有

$$\frac{\partial \mathrm{TC}_1}{\partial t_2} = -\frac{h}{2\alpha(p+q)} f(\sigma)(L - t_2)^2 + b\beta(p+q)f(\sigma)(t_2 - T_2)$$

$$+ l[1 - \beta(p+q)]f(\sigma) \tag{5.30}$$

$$\frac{\partial^2 \mathrm{TC}_1}{\partial t_2^2} = \frac{h}{\alpha(p+q)} f(\sigma)(L - t_2) + b\beta(p+q)f(\sigma) > 0 \tag{5.31}$$

于是，由式（5.28）、式（5.29）和式（5.31），$|\boldsymbol{H}| = \dfrac{\partial^2 \mathrm{TC}_1}{\partial T_2^2} \dfrac{\partial^2 \mathrm{TC}_1}{\partial t_2^2}$

$- \left(\dfrac{\partial^2 \mathrm{TC}_1}{\partial T_2 \partial t_2}\right)^2 = \left[\dfrac{h^2}{\alpha^2(p+q)^2}(T_2^* - t_1)(L - t_2^*) + \dfrac{\beta h b}{\alpha}(T_2^* - t_1 + L - \right.$

$\left. t_2^*) \right] f(\sigma)^2$。因为 $T_2^* > t_1$，$L > t_2^*$，其他各参数均大于零，所以 $|\boldsymbol{H}| >$

0。$\boldsymbol{H}$ 的各阶顺序主子式均大于零，故 $\boldsymbol{H}$ 正定。由 $\dfrac{\partial \mathrm{TC}_1}{\partial T_2} = 0$ 和 $\dfrac{\partial \mathrm{TC}_1}{\partial t_2} = 0$

可求得成本函数 $\mathrm{TC}_1(T_2, t_2)$ 的极小值点。

（2）当 $t_2 \leqslant \sigma \leqslant L$ 时，对 $\mathrm{TC}_2(T_2, t_2)$ 求关于 T_2 的一阶和二阶偏导，有

$$\frac{\partial \mathrm{TC}_2}{\partial T_2} = f(T_2)\left\{\frac{h(T_2 - t_1)^2}{2\alpha(p+q)} - b\beta(p+q)(t_2 - T_2) - l[1 - \beta(p+q)]\right\}$$

$$\tag{5.32}$$

$$\frac{\partial^2 TC_2}{\partial T_2^2} = f'(T_2) \left\{ \frac{h(T_2 - t_1)^2}{2\alpha(p+q)} - b\beta(p+q)(t_2 - T_2) - l[1 - \beta(p+q)] \right\}$$

$$+ f(T_2) \left[\frac{h(T_2 - t_1)}{\alpha(p+q)} + b\beta(p+q) \right] \tag{5.33}$$

式(5.32)中,设 $g(T_2) = \dfrac{h(T_2 - t_1)^2}{2\alpha(p+q)} - b\beta(p+q)(t_2 - T_2) - l[1 -$

$\beta(p+q)]$,则 $\dfrac{dg(T_2)}{dT_2} = \dfrac{h(T_2 - t_1)}{\alpha(p+q)} + b\beta(p+q) > 0$,所以 $g(T_2)$ 是 T_2

的一个严格增函数。又因为 $t_1 \leqslant T_2 \leqslant \sigma$,由 $f(t)$ 的函数形式可知,

$f'(T_2) > 0$。因此,$\dfrac{\partial TC_2}{\partial T_2} = 0$ 必存在唯一的根 T_2^*,使得 $g(T_2^*) =$

$\dfrac{h(T_2^* - t_1)^2}{2\alpha(p+q)} - b\beta(p+q)(t_2 - T_2^*) - l[1 - \beta(p+q)] = 0$。且由式

(5.33) 可知,在 T_2^* 处,$\dfrac{\partial^2 TC_2}{\partial T_2^2} = f'(T_2^*)g(T_2^*) + f(T_2^*)g'(T_2^*) =$

$f(T_2^*)g'(T_2^*) > 0$。由式(5.32)再对 t_2 求偏导,得

$$\frac{\partial^2 TC_2}{\partial T_2 \partial t_2} = -b\beta(p+q)f(T_2) \tag{5.34}$$

同样的,将 $TC_2(T_2, t_2)$ 求关于 t_2 的一阶和二阶偏导,有

$$\frac{\partial TC_2}{\partial t_2} = -\frac{h}{\alpha(p+q)} \frac{2\int_{t_2}^{\sigma}\int_{t}^{\sigma}f(x)dxdt - f(\sigma)[\sigma^2 - L^2 - 2t_2(\sigma - L)]}{2}$$

$$+ b\beta(p+q)\int_{T_2}^{t_2}f(x)dx + l[1 - \beta(p+q)]f(t_2) \tag{5.35}$$

$$\frac{\partial^2 TC_2}{\partial t_2^2} = \frac{h}{\alpha(p+q)}\left[\int_{t_2}^{\sigma}f(x)dx - f(\sigma)(\sigma - L)\right] + b\beta(p+q)f(t_2)$$

$$+ l[1 - \beta(p+q)]f'(t_2) > 0 \tag{5.36}$$

所以,由式(5.33)、式(5.34)和式(5.36),得

$$|H| = \left\{f(T_2^*)\left[\frac{h(T_2^* - t_1)}{\alpha(p+q)} + b\beta(p+q)\right]\right\}\left\{\frac{h}{\alpha(p+q)}\left[\int_{t_2}^{\sigma}f(x)dx + f(\sigma)(L - \sigma)\right]\right.$$

$$+ b\beta(p+q)f(t_2^*) + l[1 - \beta(p+q)]f'(t_2^*) \Big\} - [b\beta(p+q)f(T_2^*)]^2$$

$$> \left\{ f(T_2^*)\left[\frac{h(T_2^* - t_1)}{\alpha(p+q)} + b\beta(p+q)\right]\right\} b\beta(p+q)f(t_2^*) - [b\beta(p+q)f(T_2^*)]^2$$

$$> f(T_2^*)b\beta(p+q)b\beta(p+q)f(T_2^*) - [b\beta(p+q)f(T_2^*)]^2 = 0$$

$\boldsymbol{H}$ 的各阶顺序主子式均大于零,故 $\boldsymbol{H}$ 正定。由 $\dfrac{\partial \mathrm{TC}_2}{\partial T_2} = 0$ 和 $\dfrac{\partial \mathrm{TC}_2}{\partial t_2} = 0$ 可求得成本函数 $\mathrm{TC}_2(T_2, t_2)$ 的极小值点。

(3)当 $T_2 \le \sigma \le t_2$ 时,求 $\mathrm{TC}_3(T_2, t_2)$ 关于 T_2 的一阶和二阶偏导得

$$\frac{\partial \mathrm{TC}_3}{\partial T_2} = f(T_2)\left\{\frac{h}{2\alpha(p+q)}(T_2 - t_1)^2 - b\beta(p+q)(t_2 - T_2) - l[1 - \beta(p+q)]\right\}$$

$$(5.37)$$

$$\frac{\partial^2 \mathrm{TC}_3}{\partial T_2^2} = f'(T_2)\left\{\frac{h(T_2 - t_1)^2}{2\alpha(p+q)} - b\beta(p+q)(t_2 - T_2) - l[1 - \beta(p+q)]\right\}$$

$$+ f(T_2)\left[\frac{h(T_2 - t_1)}{\alpha(p+q)} + b\beta(p+q)\right] \qquad (5.38)$$

式(5.37)中,设 $g(T_2) = \dfrac{h(T_2 - t_1)^2}{2\alpha(p+q)} - b\beta(p+q)(t_2 - T_2) - l[1 - \beta(p+q)]$,同上可知,在 T_2^* 处,$\dfrac{\partial^2 \mathrm{TC}_3}{\partial T_2^2} = f'(T_2^*)g(T_2^*) + f(T_2^*)g'(T_2^*) = f(T_2^*)g'(T_2^*) > 0$。由式(5.37)再对 t_2 求偏导,得

$$\frac{\partial^2 \mathrm{TC}_3}{\partial T_2 \partial t_2} = -b\beta(p+q)f(T_2) \qquad (5.39)$$

将 $\mathrm{TC}_3(T_2, t_2)$ 求关于 t_2 的一阶和二阶偏导,有

$$\frac{\partial \mathrm{TC}_3}{\partial t_2} = \frac{-h(L - t_2)^2}{2\alpha(p+q)}f(\sigma) + b\left[\int_{T_2}^{\sigma}\beta(p+q)f(x)\,\mathrm{d}x + \beta(p+q)f(\sigma)(t_2 - \sigma)\right]$$

$$+ l[1 - \beta(p+q)]f(\sigma) \qquad (5.40)$$

$$\frac{\partial^2 \mathrm{TC}_3}{\partial t_2^2} = \frac{h(L - t_2)}{\alpha(p+q)}f(\sigma) + b\beta(p+q)f(\sigma) > 0 \qquad (5.41)$$

所以，$|\boldsymbol{H}| = f(T_2^*)\left[\dfrac{h(T_2^* - t_1)}{\alpha(p+q)} + b\beta(p+q)\right]\left[\dfrac{h(L-t_2)}{\alpha(p+q)}f(\sigma) +\right.$

$b\beta(p+q)f(\sigma)\Big] - [b\beta(p+q)f(T_2^*)]^2 > f(T_2^*)b\beta(p+q)b\beta(p+q)f(\sigma) - [b\beta(p+q)f(T_2^*)]^2 > f(T_2^*)b\beta(p+q)b\beta(p+q)f(T_2^*) - [b\beta(p+q)f(T_2^*)]^2 = 0$。$\boldsymbol{H}$ 各阶顺序主子式均大于零，故 $\boldsymbol{H}$ 正定。由 $\dfrac{\partial \mathrm{TC}_3}{\partial T_2} = 0$ 和 $\dfrac{\partial \mathrm{TC}_3}{\partial t_2} = 0$，可求得成本函数 $\mathrm{TC}_3(T_2, t_2)$ 的极小值点。

于是，在两次补货策略下，可采用以下步骤来求得最优的补货点：

步骤一：(1) 找到 $\mathrm{TC}_1(T_2, t_2)$ 的全局最小点 (T_2^1, t_2^1)，假设由 $\dfrac{\partial \mathrm{TC}_1}{\partial T_2} = 0$ 和 $\dfrac{\partial \mathrm{TC}_1}{\partial t_2} = 0$ 求得的解分别为 T_2' 和 t_2'，则 $\mathrm{TC}_1(T_2^1, t_2^1) = \min\{\mathrm{TC}_1(T_2', t_2'), \mathrm{TC}_1(\sigma, \sigma), \mathrm{TC}_1(\sigma, L), \mathrm{TC}_1(L, L)\}$。

(2) 找到 $\mathrm{TC}_2(T_2, t_2)$ 的全局最小点 (T_2^2, t_2^2)，假设由 $\dfrac{\partial \mathrm{TC}_2}{\partial T_2} = 0$ 和 $\dfrac{\partial \mathrm{TC}_2}{\partial t_2} = 0$ 求得的解分别为 T_2'' 和 t_2''，则 $\mathrm{TC}_2(T_2^2, t_2^2) = \min\{\mathrm{TC}_2(T_2'', t_2''), \mathrm{TC}_2(t_1, t_1), \mathrm{TC}_2(t_1, \sigma), \mathrm{TC}_2(\sigma, \sigma)\}$。

(3) 找到 $\mathrm{TC}_3(T_2, t_2)$ 的全局最小点 (T_2^3, t_2^3)，假设由 $\dfrac{\partial \mathrm{TC}_3}{\partial T_2} = 0$ 和 $\dfrac{\partial \mathrm{TC}_3}{\partial t_2} = 0$ 求得的解分别为 T_2''' 和 t_2'''，则 $\mathrm{TC}_3(T_2^3, t_2^3) = \min\{\mathrm{TC}_3(T_2''', t_2'''), \mathrm{TC}_3(t_1, \sigma), \mathrm{TC}_3(t_1, L), \mathrm{TC}_3(\sigma, \sigma), \mathrm{TC}_3(\sigma, L)\}$。

步骤二：由 $\min\{\mathrm{TC}_1(T_2^1, t_2^1), \mathrm{TC}_2(T_2^2, t_2^2), \mathrm{TC}_3(T_2^3, t_2^3)\}$ 找到两次补货策略下的最优决策点 (T_2^*, t_2^*)，并据此求得相应的最优补货量等相关决策变量。

5.3　数值实验

本章借鉴参考文献[123]中数值算例的基本参数，假设商家在网上销售该新型 256M 的 MP3，而且采用了预售的策略。由参考文献[123]，基本参数如表 5-2 所示。

表 5-2　　　　　　　　　　　**模型基本参数取值**

参数	m	p	q	s	h	b	l
值	4043.45	0.0073	0.402	250	4	8	62

假设产品的生命周期为 12 个阶段，即 $L = 12$，产品需求在第 8 阶段开始进入稳定期，即 $\sigma = 8$。另外，参数 $\alpha = 4$，$\beta = 1.8$。根据 5.2.1 小节和 5.2.2 小节中的分析与步骤，利用 MATLAB 软件编程计算可分别得到一次补货策略和两次补货策略下的结果。

5.3.1　一次补货最优策略

当预售期不固定时，商家采用一次补货策略来决定何时补货，从而保证及时补充库存以正式发售产品，算例结果如表 5-3 所示。

表 5-3　　　　　　　　　　　**一次补货策略结果**

取值范围	t_1^*	极小值点	总成本 TC	总补货量 Q	短缺拖后量 S
$t_1 < \sigma$	**7.57**	驻点	**34641.86**	**2738.50**	1107.97
$t_1 \geq \sigma$	8	区间端点	35265.90	2738.50	1261.59

从表 5-3 可以看到，当 $t_1 < \sigma$ 时，极小值在驻点 $t_1 = 7.57$ 处取得，而当 $t_1 \geq \sigma$ 时，极小值点在区间端点 $t_1 = \sigma = 8$ 处取得。通过比较两种情形下的总成本，可知一次补货策略下的最优补货点为 $t_1^* = 7.57$，即最佳预售期长度应该为 7.57，最优策略为在该点补货 $Q^* = 2738.50$，对应的总成本 TC 为 34641.86。

5.3.2　两次补货最优策略

当预售期固定时，商家采用两次补货策略。假设产品发布后经过 2 个季度正式发售，即 $t_1 = 2$，且在该点第一次补货。商家还需要确定第一次补货后库存降为零的时间点以及在此之后何时进行第二次补货。算例结果如表 5-4 所示。

表 5-4　　　　　　　　　两次补货策略结果

取值范围	T_2^*	t_2^*	极小值点	TC	Q_1	Q_2	Q	S	LS
$\sigma \leq T_2 \leq t_2$	8	8	区间端点	35155.06	1261.59	1476.91	2738.50	89.37	0
$T_2 \leq t_2 \leq \sigma$	**6.43**	**7.74**	驻点	**28209.32**	757.01	1873.78	**2630.79**	390.80	107.71
$T_2 \leq \sigma \leq t_2$	8	8	区间端点	35155.06	1261.59	1476.91	2738.50	89.37	0

从表 5-4 可以看到，当 $\sigma \leq T_2 \leq t_2$ 和 $T_2 \leq \sigma \leq t_2$ 时，极小值都在区间端点 $T_2 = 8$，$t_2 = 8$ 处取得。而当 $T_2 \leq t_2 \leq \sigma$ 时，极小值在驻点 $T_2 = 6.43$，$t_2 = 7.74$ 处取得。比较三种情形下的总成本可知，两次补货策略下的最优决策点为 $T_2^* = 6.43$，$t_2^* = 7.74$，最优策略为：在 $t_1 = 2$ 时补货 $Q_1^* = 757.01$，库存在 $T_2^* = 6.43$ 时再次降为 0，然后在 $t_2^* = 7.74$ 时再次补货 $Q_2^* = 1873.78$，总补货量为 $Q^* = 2630.79$，对应的总成本 TC 为 28209.32。

5.4　本章小结

本章首先针对网络预售产品的三个主要特点，采用调整的 BASS 模型描述了产品生命周期内的需求。然后根据预售期是否固定，构建了起始有缺货的一次补货策略和两次补货策略。同时，考虑产品需求达到稳定的时间点与补货时间点及零库存时间点的关系，分别讨论了在每种补货策略下不同的补货子模型。接着，通过模型分析找到了每种情形下使得成本最小的条件，进一步得到求解每种补货策略中最优补货点和补货量的步骤。最后，用算例进行实验，分别求得了预售期不固定时一次补货策略和预售期固定时两次补货策略下的最优结果。

本章的研究可以应用于网络零售商采用预售方式推行新产品时的补货决策。在发布新产品之前，商家可以根据市场已有的相似产品的信息进行预测，并得到新产品的相应需求参数，同时可利用在预售期内提前收集到的需求信息，对所获得的参数进行贝叶斯更新，进而得到更为准确的需求信息。另外，商家也可以根据不同产品的参数情况，在不同的预售情形下，分析各自的最优补货策略，来决定应采取什么样的补货方案。后续研究还可以从考虑服务质量约束、促销影响和有形变质等方面延伸。

第6章 基于预判发货的双模式
批量配送模型

网络零售商的运作成本主要来自与订单履行相关的一系列流程，如中心仓库补货、仓库之间转运调货、仓库内拣选、订单分拣、发货，等等。其中，库存补货和订单发货与配送活动则占据了成本的主要部分，达到40%①。本书的第3~5章分别构建了不同的动态批量和连续批量模型，用来解决网络零售商的库存补货问题。本章则关注库存发货与配送问题，主要目的就是帮助网络零售商在动态的竞争环境中优化发货与配送的决策方法，从而减少相应的运作成本。

Xu(2005)指出，在网络零售业中，精准快速的物流配送服务是企业赢得顾客信任的关键因素。为此，许多网络零售商都致力于构建自己的高效率物流配送体系，并想方设法地加快配送速度。例如，著名的网络零售商亚马逊公司申请了一项名为"预判发货"(anticipatory shipping)的专利技术，它利用网络顾客的大数据信息来预测该顾客是否会购买某商品。这些信息主要来自两部分：一是与顾客相关的数据库，如顾客的历史购买记录、心愿单、收藏夹，以及访问网页产生的点击流数据，等等；二是产品公共数据库，如产品的历史需求信息、被点击情况，以及相关产品的需求特征等。当网络零售商有充分把握判断一位顾客会在近

---

① Acimovic J A. Lowering outbound shipping costs in an online retail environment by making better fulfillment and replenishment decisions [D]. Boston：Massachusetts Institute of Technology，2012.

期购买某种商品时，它就会提前将商品通过自营物流或第三方物流从订
单处理中心运送到离该顾客最近的配送站。一旦该顾客点击购买商品，
快递员就会以最快的速度从配送站送货到顾客手中，从而大大缩短顾客
下单到收货的时间，进而提高服务水平。本章研究的问题就是在这样的
背景下，如何在预测需求之后，优化发货与配送决策，以使总的运作成
本最小。

　　针对实际背景，本章构建了一个双模式配送的多层级动态批量模型
来解决库存发货与配送的优化问题。Wagner 和 Whitin（1958）最先提出
了单物品无能力约束的动态批量（dynamic lot-sizing，DLS）问题并采用
混合整数规划构建模型，根据分析得到的零库存点订购（zero inventory
ordering）性质，设计了复杂度为 $O(T^2)$ 的逆序动态求解算法，其中 T
为总规划期数目。后续有学者针对该基本问题做了许多研究，如采用网
络流的方法和设施选址模型对原问题重新建模，以及利用不同的方法来
重新解决问题，使得求解算法的复杂度提高到 $O(T\log T)$。也有许多学
者研究了不同假设和应用背景下的 DLS 延伸问题，如允许延迟交货的
问题，有生产能力约束和库存容量约束的问题，等等。其中，与本章研
究相关的是多层级系统下的 DLS 问题和多种补货或发货模式下的 DLS
问题。Zangwill（1969）最先研究了多层级库存环境下的单产品无约束
DLS 问题，并采用网络流的方法解决。Kaminsky 和 Simchi-Levi（2003）
考虑了两阶段供应链系统中有生产能力约束的 DLS 问题。在其基础上，
Van Hoesel 等（2005）研究了一般形式的多层级有生产能力约束的问题，
并设计了多项式时间的精确算法，而 Sargut 和 Romeijn（2007）则进一步
考虑了允许延迟交货和外包生产的特殊问题。一些学者还研究了在两级
动态批量模型中，不同层级之间存在不同成本结构的问题（万国华和孙
磊，2012）。还有许多学者研究多种补货方式的 DLS 问题，Jaruphongsa
等（2005）最先考虑了单层级环境下有多种补货方式的 DLS 问题，并重
点分析了两种补货模式的特例。他们针对两种模式不同的成本结构组
合，分别设计了多项式时间算法求解。随后，他们又考虑了同时生产和

发货系统中的双模式批量配送问题。柏庆国等(2010)采用动态规划技术为多种补货模式的 DLS 问题设计了多项式时间算法，Ekşioğlu(2009)则采用了原始对偶算法解决了该问题。在已有文献中，关于多层级 DLS 问题的研究没有考虑两相邻层级间存在多种补货或发货模式的情况，而关于多种补货模式的 DLS 研究也集中在单层级系统上。本章则针对实际问题，结合这两类研究，提出了一个多层级环境下考虑双渠道发货模式的 DLS 模型。

本章根据网络零售商预判发货的特点，首先采用混合整数规划技术对两级供应链系统中订单处理中心和配送站之间存在两种配送模式的动态批量配送问题构建数学模型。接着采用网络流的方法对问题重新建模，将其转化为在凹性成本结构的网络流中求解最小成本极流的问题。在网络流模型的基础上，进行最优解性质分析，得到了零库存点发货的关键性质，并据此采用动态规划的技术设计了计算时间复杂度为 $O(T^2)$ 的精确算法，其中 T 为问题的总计划期数目。最后，利用该算法对算例的问题进行数值实验，验证了其有效性和适用性。

6.1　双模式批量模型构建

6.1.1　问题描述

网络零售商售卖的产品多种多样，顾客的地理位置也非常分散。根据预判发货的专利描述(见参考文献[127])，网络零售商的一个订单处理中心对应着多个配送站点，每个站点服务相应区域内的顾客需求。本章针对单一产品，研究订单处理中心与单一配送站之间的动态批量配送问题。

在网络零售商的预判发货应用背景下，满足某一配送站服务区域内顾客对某一产品需求的过程可由图 6-1 所示的两级供应链系统表示。订单处理中心与配送站构成该系统的第一级，配送站与终端顾客构成系统的第二级。如图 6-1 所示从订单处理中心库存处到配送站的货品运送有两种模式，一种是采用第三方物流（common carrier），另一种则是采用自营物流（private carrier）。订单从配送站库存处运送到顾客以满足最终需求则由快递员用小货车（van）完成。在网络零售商的传统配送过程中，需求发生之后，商家从订单处理中心打包货物，并由第三方物流直接运送到顾客手中；或采用自营物流运送到配送站后，立即由快递员转运到顾客。通常情况下，配送站仅仅是作为自营物流配送的一个转运点，不会有库存。而在预判发货应用中，配送站则是有库存的，这是因为在预判发货模式中，预测的需求可能还未实际产生，商品可以先被储存在配送站，这一特点增加了本章研究问题的复杂度。

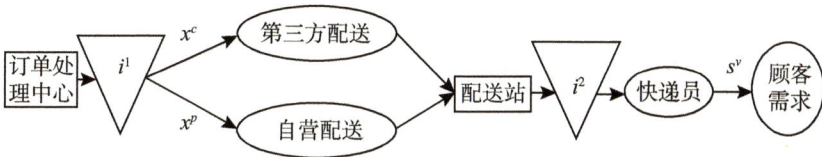

图 6-1 预判发货的双模式配送系统

综上所述，本章的研究问题就是：在预判发货的背景下，针对准确预测的 T 期需求，何时从订单处理中心发货到配送站，两种模式分别运送多少，以使整个规划期的发货与库存成本最小？

6.1.2 混合整数规划模型

在有限计划期为 T 的双模式动态批量配送问题中，d_t 为第 t 期（$1 \leqslant t \leqslant T$）的预测需求量，$x_t^p$ 和 x_t^c 分别表示第 t 期采用自营物流和第三方物流从订单处理中心运输到配送站的发货量，s_t^v 为第 t 期从配送站由快递员用小货车配送到所有顾客的发货量，它应该等于该期顾客的需求 d_t。I_t^1 和 I_t^2 分别表示订单处理中心和配送站在第 t 期末的库存水平，其对应的单位库存持有成本分别为 h_t^1 和 h_t^2，且根据 Kaminsky 和 Simchi Levi

(2003)，假设 $h_t^1 < h_t^2$。运输 x_t^c、x_t^p 和 s_t^v 分别对应的成本为

$$C_1(x_t^c) = c_t^c \cdot x_t^c, \quad t = 1, 2, \cdots, T$$

$$C_2(x_t^p) = f_t^p \cdot y_t^p + c_t^p \cdot x_t^p, \quad t = 1, 2, \cdots, T$$

$$C_3(s_t^v) = f_t^v \cdot y_t^v + c_t^v \cdot v_t^v, \quad t = 1, 2, \cdots, T$$

其中，自营物流配送和快递员运送为固定-线性成本结构，而第三方物流配送则为线性成本结构。因为前两种运送方式由商家自己分别采用大货车和小货车施行，只要有运送量就会产生启动成本，而第三方配送则通常是计件收费，无启动成本。f_t^p 和 f_t^v 分别表示采用自营物流和快递员配送的固定启动成本，y_t^p 和 y_t^v 分别为 x_t^p 和 s_t^v 的二元指示变量。c_t^p、c_t^c 和 c_t^v 分别表示第 t 期自营物流配送、第三方物流配送和快递员配送的单位运输成本。

于是，可以采用以下混合整数规划模型对本章问题进行建模：

$$\min \sum_{t=1}^{T} \left[C_1(x_t^c) + C_2(x_t^p) + C_3(s_t^v) + h_t^1 \cdot I_t^1 + h_t^2 \cdot I_t^2 \right] \quad (6.1)$$

s. t.
$$I_t^1 = I_{t-1}^1 - x_t^c - x_t^p, \quad t = 1, 2, \cdots, T \quad (6.2)$$

$$I_t^2 = I_{t-1}^2 + x_{t-l_2}^p - s_t^v, \quad t = l_2 + 1, \cdots, T \quad (6.3)$$

$$d_t = s_t^v, \quad t = l_1 + 1, \cdots, T \quad (6.4)$$

$$I_0^1 = \sum_{t=1}^{T} d_t \quad (6.5)$$

$$x_t^p \leqslant M \cdot y_t^p, \ s_t^v \leqslant d_t \cdot y_t^v, \quad t = 1, 2, \cdots, T \quad (6.6)$$

$$I_T^1 = I_0^2 = I_T^2 = 0 \quad (6.7)$$

$$x_t^c, \ x_t^p, \ s_t^v, \ I_t^1, \ I_t^2 \geqslant 0, \quad t = 1, 2, \cdots, T \quad (6.8)$$

$$y_t^c, \ y_t^p, \ y_t^v \in \{0, 1\}, \quad t = 1, 2, \cdots, T \quad (6.9)$$

其中，目标函数(6.1)最小化 T 期总的发货和库存成本，包括采用第三方物流配送的发货成本、采用自营物流配送的发货成本、快递员从配送站送货到顾客的配送成本、订单处理中心库存的持有成本和配送站的库存持有成本。约束式(6.2)和约束式(6.3)分别为订单处理中心和配送站的库存守恒公式。约束式(6.4)表示第 t 期的需求必须由该期快

递员配送恰好满足，约束式(6.5)表示订单处理中心的起始库存应为 T 期总需求。约束式(6.6)表示自营物流配送量和快递员递送量与其对应二元变量的关系，其中 M 是任意大的常数，由决策者自行设定。约束式(6.7)定义库存初始和终止条件。约束式(6.8)和约束式(6.9)定义决策变量的取值范围。

6.1.3　网络流模型

Zangwill(1969)最先引入网络流规划的方法来解决动态批量问题，大大简化了问题的性质分析过程。于是，本小节采用该方法，对 6.1.2 小节的混合整数规划模型进行网络流建模，如图 6-2 所示。

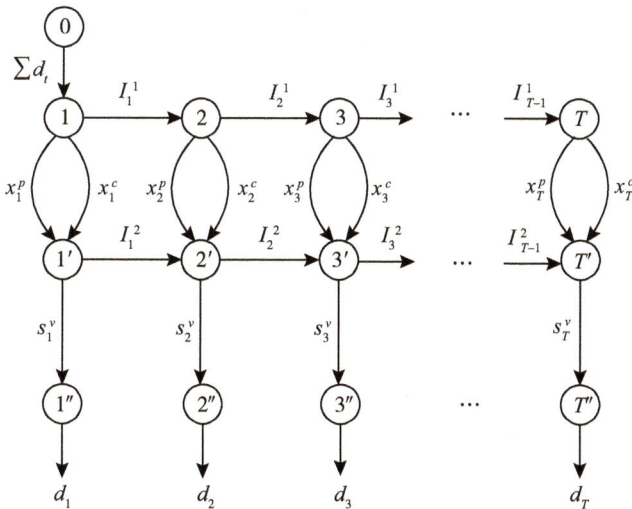

图 6-2　网络流模型

图 6-2 是一个单一起点多终点的网络流模型，顶点 0 为整个问题的虚拟起始点，它的供应量为问题需要满足的 T 期总需求 $\sum_{t=1}^{T} d_t$，终点集 $\{1'', 2'', \cdots, T''\}$ 表示相应时期的顾客需求。其他结点对应系统不同位置所在的相应时期，其中，点集 $\{1, 2, \cdots, T\}$ 对应订单处理中心，

$\{1', 2', \cdots, T'\}$ 对应配送站。弧 (t, t') 上的流量表示由订单处理中心到配送站的发送量，它对应两个量，分别为自营物流发送量 x_t^p（左弧）和第三方物流配送量 x_t^c（右弧）。弧 $(t, t+1)$ 上的流量为订单处理中心的库存流，表示第 t 期末的库存持有量 I_t^1。弧 (t', t'') 上的流量表示快递员从配送站满足该期需求的发送量 s_t^v，它应该恰好等于该期需求量 d_t。弧 $(t', t'+1)$ 为配送站的库存流，表示第 t 期末的库存持有量 I_t^2。

在该网络流模型中，所有弧上的成本结构都是凹性的。其中，弧 $(0, 1)$ 对应的成本为 0，弧 $(t, t+1)$ 上的单位成本为 h_t^1，弧 $(t', t'+1)$ 的单位成本为 h_t^2。弧 (t, t') 对应两条流，其中如果 x_t^p 流为空，则成本为 0，否则成本为 $f_t^p + c_t^p \cdot x_t^p$；$x_t^c$ 流对应成本为 $c_t^c \cdot x_t^c$。当 s_t^v 为正时，弧 (t', t'') 上对应的成本为 $f_t^v + c_t^v \cdot s_t^v$，否则为 0。于是，求解6.1.2 小节的混合整数规划问题，就等同于在该网络流模型中找到一个最小成本极流的问题。

6.2　性质分析与算法

6.2.1　性质分析

在 6.1.3 小节网络流模型的基础上，对问题的最优解进行性质分析，以期能够在这些性质的基础上设计多项式时间内的动态规划求解算法。首先，根据文献[130]，有如下定义：

定义 6.1　假设 $(\hat{x}^p, \hat{x}^c, \hat{s}^v, \hat{I}^1, \hat{I}^2)$ 为一条可行流，即对应着问题的一个可行解。如果不存在另外两条可行流 $(\hat{x}_1^p, \hat{x}_1^c, \hat{s}_1^v, \hat{I}_1^1, \hat{I}_1^2)$ 和 $(\hat{x}_2^p, \hat{x}_2^c, \hat{s}_2^v, \hat{I}_2^1, \hat{I}_2^2)$ 使得 $(\hat{x}^p, \hat{x}^c, \hat{s}^v, \hat{I}^1, \hat{I}^2) = (\hat{x}_1^p, \hat{x}_1^c, \hat{s}_1^v, \hat{I}_1^1, \hat{I}_1^2) + (\hat{x}_2^p, \hat{x}_2^c, \hat{s}_2^v, \hat{I}_2^1, \hat{I}_2^2)$，则 $(\hat{x}^p, \hat{x}^c, \hat{s}^v, \hat{I}^1, \hat{I}^2)$ 是一条极流。

在问题的可行区域内，如果能够求得目标函数的有限全局最小值，则一定有一个极流是最优流，即最优解。由于可行区域内只有有限数目的极流，因此，可以通过搜索所有可能的极流来得到最优流。不过，这样遍历的效率非常低，而分析该问题极流的性质则能简化这个搜索过程。接下来，就重点分析本章研究问题的相关性质。

引理 6.1 在凹性成本结构的单一起点网络流模型中，极流的任意一个节点至多有一个正的输入流[①]。

本章研究的问题可以由一个单一起点的网络流模型表示（图 6-2），且每条弧对应的成本结构都是凹性的，所以由引理 6.1 可知，在问题的最优解中，即该网络流的最优流中，任意节点至多只会有一个正的流入，也就是说，任意一个节点至多只能从其他一个节点接受货品。

引理 6.2 在最优解中，对任意时期 $t = 1, 2, \cdots, T$，当且仅当 $I_{t-1}^2 < d_t$ 时，$x_t^p + x_t^c > 0$。

证明 （1）当 $I_{t-1}^2 < d_t$ 时，有 $x_t^p + x_t^c > 0$。因为缺货不被允许，因此，在最优解中，当 $I_{t-1}^2 < d_t$ 时，d_t 不能被上一期末配送站处库存 I_{t-1}^2 全部满足，则必有 $x_t^p + x_t^c > 0$。

（2）当 $x_t^p + x_t^c > 0$ 时，也有 $I_{t-1}^2 < d_t$。假设在最优解中，$I_{t-1}^2 \geqslant d_t$ 且 $x_t^p + x_t^c > 0$，由于订单处理中心处单位库存持有成本小于配送站处单位库存持有成本（$h^1 < h^2$），于是将 t 期的配送量 $x_t^p + x_t^c$ 减少到零，将其推迟到 t 期之后配送能得到一个新的可行方案，并使得成本比原来方案要小 $(x_t^p + x_t^c) \cdot (h^2 - h^1)$，这与初始假设为最优解矛盾。

证毕。

性质 6.1 在最优解中，对任意时期 $t = 1, 2, \cdots, T$，$x_t^p \cdot x_t^c = 0$。

---

① 参见：Zangwill W I. Minimum concave cost flows in certain networks [J]. Management Science, 1968, 14(7): 429-450.

Solyali O, Denizel M, Süral H. Effective network formulations for lot sizing with backlogging in two-level serial supply chains [J]. IIE Transactions, 2016, 48(2): 146-157.

证明：假设在最优解中，$x_t^p \cdot x_t^c > 0$，即 $x_t^p > 0$ 且 $x_t^c > 0$。于是，相应的发货成本为 $f_t + c_t^p \cdot x_t^p + c_t^c \cdot x_t^c$。当 $c_t^p \leq c_t^c$ 时，减少 x_t^c 为零并将 x_t^p 增加为 $x_t^p + x_t^c$，得到一个新的可行解，总成本为 $f_t + c_t^p(x_t^p + x_t^c)$，且小于原来的成本；当 $c_t^p > c_t^c$ 时，减少 x_t^p 为零并将 x_t^c 增加为 $x_t^p + x_t^c$，也可得到一个新的可行解，总成本为 $c_t^c(x_t^p + x_t^c)$，也小于原来的成本，这都与原假设为最优解矛盾。

证毕。

性质 6.1 表明，在最优解中，若任意时期需要从订单处理中心运送货品到配送站，则只会采用一种模式运输，要么采用自营物流配送，要么采用第三方物流配送。

性质 6.2　在最优解中，对任意时期 $t = 1, 2, \cdots, T$，$(x_t^p + x_t^c) \cdot I_{t-1}^2 = 0$。

证明　首先由引理 6.2，在最优解中，只有当 $I_{t-1}^2 < d_t$ 时，$x_t^p + x_t^c > 0$。进一步的，由性质 6.1 可知，最优解中若某时期 t 有货品从订单处理中心运送到配送站，则该时期 x_t^p 和 x_t^c 有一个为零，另一个则等于该运送量，即在最优流中，弧 (t, t') 上承载着正的流进入到配送站节点 t'。而引理 6.1 表明，在最优流中，一个节点最多只有一个正的流入，所以流入配送站节点 t' 的库存 I_{t-1}^2 必为零。同样由引理 6.1，若最优流中，流入配送站节点 t' 的库存 I_{t-1}^2 为正，则弧 (t, t') 上承载的流都为零。

证毕。

6.2.2　多项式时间算法

性质 6.2 为零库存点发货性质，即在最优解中，仅当配送站上一期末的库存为零时，才从订单中心发货到配送站，且根据性质 6.1，只会选择一种方式运输。于是，本小节根据这两个性质，设计一个多项式时间的动态规划算法。

　　假设 $i-1$ 和 j 为配送站库存为零的两个相邻时期，即 $I_{i-1}^2 = I_j^2 = 0$。由性质 6.2 可知，第 i 期从订单处理中心发货，且发货量用来满足第 i 期到第 j 期的需求。定义 $F(s)$ 为满足需求 d_1 到 d_s 的最小成本，(i, j) 问题为寻找一个在第 i 期发货来满足需求 d_i 到 d_j 的最小成本下的发货计划，$C(i, j)$ 为 (i, j) 问题的最小成本。于是，可以得到以下递归方程：

$$\begin{cases} F(0) = 0 \\ F(j) = \min\{F(i-1) + C(i, j)\}, \ i \leqslant j, \ j = 1, \ 2, \ \cdots, \ T \end{cases}$$

问题总的最小成本可由 $F(T)$ 得到。

　　因此，计算 (i, j) 问题的最小成本 $C(i, j)$ 就是该动态规划算法的关键。由性质 6.1 和性质 6.2 可知，计算 $C(i, j)$ 即比较图 6-3(a)(b) 所示两种运送方案的成本。其中，图 6-3(a) 表示第 i 期从订单处理中心采用自营物流配送到配送站来满足需求 d_i 到 d_j，而图 6-3(b) 则表示采用第三方物流配送来满足。

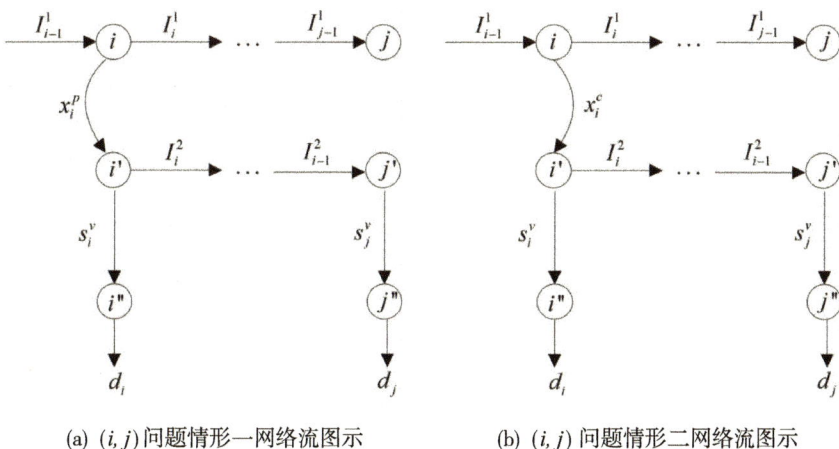

(a) (i, j) 问题情形一网络流图示　　　　(b) (i, j) 问题情形二网络流图示

图 6-3　(i, j) 问题求解

　　为了表达上的简洁，我们定义

$$d_{i, j} = d_i + d_{i+1} + \cdots + d_j$$

$$h^1(i,\ j) = h_i^1 + h_{i+1}^1 + \cdots + h_j^1$$

$$h^2(i,\ j) = h_i^2 + h_{i+1}^2 + \cdots + h_j^2$$

其中，$1 \leqslant i \leqslant j \leqslant T$。于是，$C(i,\ j)$ 可由如下公式计算得到：

$$C(i,\ j) = \ \min \begin{cases} (h^1(1,\ i-1) \cdot d_{i,j} + f_i^p + c_i^p \cdot d_{i,j} \\ \quad + \displaystyle\sum_{m=i+1}^{j} h^2(i,\ m-1) \cdot d_m + \sum_{n=i}^{j} (f_n^o + c_n^p \cdot d_n) \\ h^1(1,\ i-1) \cdot d_{i,j} + c_i^c \cdot d_{i,j} + \displaystyle\sum_{m=i+1}^{j} h^2(i,\ m-1) \cdot d_m \\ \quad + \displaystyle\sum_{n=i}^{j} (f_n^o + c_n^p \cdot d_n) \end{cases}$$

其中，计算 $d_{i,j}$、$h^1(i,\ j)$ 和 $h^2(i,\ j)$ 的时间复杂度为 $O(T)$，计算 $C(i,\ j)$ 的时间复杂度为 $O(T^2)$。而在递归方程中，计算 $F(j)$ 的时间复杂度也为 $O(T^2)$。因此，整个动态规划算法的时间复杂度为 $O(T^2)$。

6.3 算例实验

我们将 6.2.2 小节的多项式时间动态规划算法采用 MATLAB 编程实现，并应用到一个算例中，以验证该算法的适用性。算例的基本参数如表 6-1 所示。

表 6-1 算 例 参 数

t	1	2	3	4	5
d_t	13	8	1	7	3
f_t^p	30	30	30	30	30
c_t^p	5	5	5	5	5
c_t^c	7	7	7	7	7

续表

t	1	2	3	4	5
f_t^v	5	5	5	5	5
c_t^v	2	2	2	2	2
h_t^1	1	1	1	1	1
h_t^2	2	2	2	2	2

根据表 6-1 中问题的参数，用本章动态规划算法求得的最优成本为
352，对应变量的最优结果如表 6-2 所示。

表 6-2　　　　　　　　　　**算例最优结果**

t	0	1	2	3	4	5
d_t	—	13	8	1	7	3
x_t^p	—	21	0	0	0	0
x_t^c	—	0	0	1	7	3
I_t^1	32	11	11	10	3	0
s_t^v	—	13	8	1	7	3
I_t^2	0	8	0	0	0	0

注：最优成本为 352。

将表 6-2 中算例的最优结果用网络流表示，如图 6-4 所示。

图 6-4 直观地显示了算例的最优解结果。在第 1 期，网络零售商采
用自营物流从订单处理中心发送 21 单位货品到配送站，满足该期 13
单位的需求，剩下 8 单位货品作为期末库存来满足第 2 期需求。第 3 期
到第 5 期则分别采用第三方物流从订单处理中心发送到配送站，然后立
即从配送站来满足当期需求。

另外，我们也采用了智能优化软件 CPLEX 中的混合整数规划模块

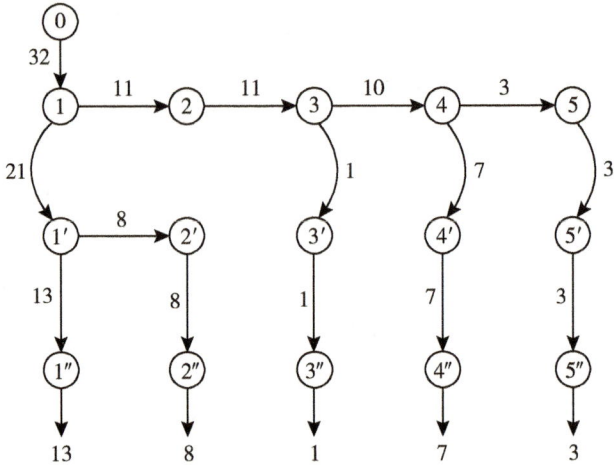

图 6-4 算例结果网络流图示

对 6.1.2 小节的模型进行了求解。结果和表 6-2 一致，这也进一步验证了本研究动态规划算法的有效性。不过，对于企业来说，智能优化软件的购置成本较高，而本章设计的算法则能用任何编程语言轻松实现，且在求解问题的效率更高，从而有效降低企业运营成本，提高决策水平。

6.4　本章小结

本章解决了网络零售商在预判发货背景下采用双模式运输的动态批量配送优化问题。首先分析预判发货的特点，用一个两级供应链系统刻画问题。接着采用混合整数规划技术对问题构建数学模型，然后采用网络流的方法重新建模。在网络流模型的基础上，进行了最优解性质分析，并设计了计算时间复杂度为 $O(T^2)$ 的动态规划算法。最后，将该算法应用到算例中，验证了其有效性和适用性。

尽管本章研究的问题是在网络零售商背景之下，构造的模型还可以在其他问题上得到应用，如供应商管理库存（VMI）问题，等等。进一步，还可以从其他方面考虑拓展研究。首先，网络零售商自营物流采用的交通工具都有一定的容量限制，因此可以在本章研究的基础上进一步考虑有运输容量约束的问题。其次，尽管在预判发货的应用下，网络零售商会采用大数据手段更准确地预测需求，但需求仍具有不确定性。为此，可在本章研究的基础之上引入安全库存变量来加以解决。

总之，本章针对网络零售预判发货的最新应用，构建了有效的动态批量配送模型，并设计了精确的算法，为解决实际问题，降低企业运作成本提供了决策依据。

第 7 章　总结与研究展望

7.1　总结

面对日益激烈的市场竞争，以及运营利润普遍较低的现状，网络零售商迫切需要采用科学有效的管理手段来降低运作成本。库存补货与订单发货配送活动是网络零售商成本的主要来源，然而却较少被研究者关注。本书以网络零售商为研究对象，通过构建多个基于实际网络零售背景的批量模型，来解决相应的补货与发货计划问题。本研究采用了混合整数线性规划、网络流规划和微分方程组等多种技术手段建立模型，并通过最优解性质分析，为离散时间动态批量模型设计了多项式求解算法，为连续时间批量模型求得了最优解析解。另外，还通过实际网络零售企业案例实验和数值实验相结合的方式，验证了所提出方法的有效性和实用性。本书中的主要研究工作归结为以下四点：

（1）对网络零售商及其供应链运作特征进行了细致的分析。从整体运营方式来看，网络零售商主要有大规模经营、高透明度和高要求的物流配送服务这三个特征；而在需求或订单处理方式上，则主要为使用按订单装配系统，延迟处理顾客需求，以及主导需求分配处理方式这三方面特征。另外，从系统结构化的视角出发，将网络零售商围绕订单履行中心的供应链运作体系分为上游补货、中游订单处理和下游订单发货与配送这三套系统，对各系统中的运作问题做了细致分析，并重点探讨了库存补货与订单发货问题的特征。

（2）网络零售商延迟处理需求的运营特征可被看成能够获取产品的提前需求信息，于是本书基于此特征研究了动态需求环境中的库存补给问题，并详细讨论了四种典型的网络零售情境。首先是只考虑单一顾客类型(需求提前期相同)的纯网络零售情境。随后，依然在纯网络零售情境下，细分顾客类型，从需求提前期上区分优先级，考虑了两种需求类型。接着，考虑零售商线上与线下同时经营的双渠道情境，需求同时来自这两种渠道，且相互独立。最后，考虑两种渠道可以互动的情境，即允许顾客线上下单后到线下实体商店自取货物。在每种情境下，分别采用混合整数规划技术构建了考虑提前需求信息和弹性配送的动态批量补货模型。进一步，通过对每种情境下的模型进行比较分析，识别出互动双渠道零售情境下的模型为最一般化的模型。另外，本书还在需求时间窗的视角下，重新构建了一个可以处理所有情境下补货问题的统一模型。在该模型的基础上，分析了最优解性质，并设计了一个多项式时间的精确动态规划算法。将该算法应用到来自几家实际网络零售商的数据中进行了案例实验，结果显示本研究的方法将库存成本平均降低了 2.3%。

（3）本书为网络预售新产品的补货问题构建了连续时间批量模型。首先针对预售产品销售期通常较短的特点，采用调整的 BASS 模型描述了产品生命周期内的需求。然后针对网络预售产品预售期内缺货的特点，根据预售期是否固定，构建了起始有缺货的一次补货策略和两次补货策略。同时，考虑产品需求达到稳定的时间点与补货时间点及零库存时间点的关系，分别讨论了在每种补货策略下不同的补货子模型。接着通过模型分析找到了每种情形下使得成本最小的条件，进一步求得了每种补货策略中最优补货时间点和补货量的解析解。最后，通过算例实验验证了求解方法的适用性。

（4）在订单配送技术——"预判发货"背景下，本研究识别了网络零售商采用该技术来管理发货计划的特征，采用了一个两级供应链系统来刻画动态发货问题，并使用混合整数线性规划技术为其构建了一个双模式动态批量配送模型。同时，采用网络流方法重新建模，使问题变得直观易懂。在网络流模型的基础上，进行了最优解性质分析，并设计了计算时间复杂度为 $O(T^2)$ 的动态规划算法，其中 T 为问题的总计划期。通过算例实验，验证了该算法的有效性和适用性。

7.2 研究展望

网络零售商运营的商业模式众多，售卖的产品也多种多样，本书无法解决网络零售商所有的补货与发货问题，而仅仅是为几种特定情形下的问题构建合适的批量模型，并探索相应的解决办法。相关研究工作仍有若干值得继续探讨的方面，主要可以从以下几方面进行拓展：

（1）网络零售商的顾客需求具有不确定性，尽管在实际管理中会采用安全库存的手段来应对这些随机因素，但是仍有必要设计一些适用性更广的批量模型来解决这些问题。因此，可以在本书研究的基础上考虑需求不确定因素，进一步构建随机批量模型。

（2）本书提出的批量补货与发货模型都是针对单产品的，而在实际中的补货和发货计划大部分则是在多产品环境下的，尤其是在发货时，顾客的订单通常会包含多件商品。因此，后续可以继续考虑多产品的批量补货与发货问题。

（3）后续研究还可以将更为复杂的商业运营模式以及顾客行为考虑进来，如网络零售商的促销活动、顾客的退货行为，等等。

参 考 文 献

[1] Agatz N A, Fleischmann M, Van Nunen J A. E-fulfillment and multi-channel distribution—a review [J]. European Journal of Operational Research, 2008, 187(2): 339-356.

[2] Asdemir K, Jacob V S, Krishnan R. Dynamic pricing of multiple home delivery options [J]. European Journal of Operational Research, 2009, 196(1): 246-257.

[3] Acimovic J A. Lowering outbound shipping costs in an online retail environment by making better fulfillment and replenishment decisions [D]. Boston: Massachusetts Institute of Technology, 2012.

[4] Johnson M, Whang S. E-business and supply chain management: an overview and frame-work [J]. Production and Operations Management, 2002, 11(4): 413-423.

[5] Gupta S, Koulamas C, Kyparisis G J. E-business: a review of research published in production and operations management (1992-2008) [J]. Production and Operations Management, 2009, 18(6): 604-620.

[6] De Bodt M A, Gelders L F, Wassenhove L N V. Lot sizing under dynamic demand conditions: a review [J]. Engineering Costs and Production Economics, 1984, 8(3): 165-187.

[7] Swaminathan J M, Tayur S R. Models for supply chains in e-business [J]. Management Science, 2003, 49(10): 1387-1406.

[8] Cattani K, Gilland W, Heese H S, et al. Boiling frogs: pricing strategies for a manufacturer adding a direct channel that competes with the traditional channel [J]. Production and Operations Management, 2006, 15(1): 40-56.

[9] Chiang W, Feng Y. Retailer or e-tailer? Strategic pricing and economic-lot-size decisions in a competitive supply chain with drop-shipping [J]. Journal of the Operational Research Society, 2010, 61 (11): 1645-1653.

[10] Netessine S, Rudi N. Supply chain choice on the internet [J]. Management Science, 2006, 52(6): 844-864.

[11] Gong Y, de Koster R. A polling-based dynamic order picking system for online retailers [J]. IIE Transactions, 2008, 40(11): 1070-1082.

[12] Cattani K D, Souza G C, Ye S. Shelf loathing: cross docking at an online retailer [J]. Production and Operations Management, 2014, 23 (5): 893-906.

[13] De Koster R. Distribution strategies for online retailers [J]. IEEE Transactions on Engineering Management, 2003, 50(4): 448-457.

[14] Li Z, Lu Q, Talebian M. Online versus bricks-and-mortar retailing: a comparison of price, assortment and delivery time [J]. International Journal of Production Research, 2015, 53(13): 3823-3835.

[15] Allgor R, Graves S C, Xu P J. Traditional inventory models in an e-retailing setting: a two-stage serial system with space constraints [C]. Proceedings of 2004 SMA Conference, 2004: 1-6.

[16] Chen F, Hum S, Sim C H. On inventory strategies of online retailers [J]. Journal of Systems Science and Systems Engineering, 2005, 14 (1): 52-72.

[17] Xu P J. Order fulfillment in online retailing: What goes where [D]. Boston: Massachusetts Institute of Technology, 2005.

[18] Xu P J, Allgor R, Graves S C. Benefits of reevaluating real-time order fulfillment decisions [J]. Manufacturing & Service Operations Management, 2009, 11(2): 340-355.

[19] Acimovic J, Graves S C. Making better fulfillment decisions on the fly in an online retail environment [J]. Manufacturing & Service Operations Management, 2014, 17(1): 34-51.

[20] Ayanso A, Diaby M, Nair S K. Inventory rationing via drop-shipping in Internet retailing: a sensitivity analysis [J]. European Journal of Operational Research, 2006, 171(1): 135-152.

[21] Khouja M. The evaluation of drop shipping option for e-commerce retailers [J]. Computers & Industrial Engineering, 2001, 41 (2): 109-126.

[22] Netessine S, Rudi N. Supply chain structures on the internet// Handbook of quantitative supply chain analysis [M]. New York: Springer-Verlag US, 2004: 607-641.

[23] Khouja M, Stylianou A C. A (Q, R) inventory model with a drop-shipping option for ebusiness [J]. Omega, 2009, 37(4): 896-908.

[24] Chen J, Chen Y, Parlar M, et al. Optimal inventory and admission policies for drop-shipping retailers serving in-store and onlinecustomers [J]. IIE Transactions, 2011, 43(5): 332-347.

[25] Cattani K D, Gilland W G, Swaminathan J M. Coordinating traditional and internet supply chains//Handbook of quantitative supply chain analysis [M]. New York: Springer-Verlag US, 2004: 643-677.

[26] Dumrongsiri A, Fan M, Jain A, et al. A supply chain model with direct and retail channels [J]. European Journal of Operational Research, 2008, 187(3): 691-718.

[27] Rodríguez B, Aydın G. Pricing and assortment decisions for a manufacturer selling through dual channels [J]. European Journal of

Operational Research, 2015, 242(3): 901-909.

[28] Chiang W K, Monahan G E. Managing inventories in a two-echelon dual-channel supply chain [J]. European Journal of Operational Research, 2005, 162(2): 325-341.

[29] Yao D Q, YueX, Mukhopadhyay S K, et al. Strategic inventory deployment for retail and e-tail stores [J]. Omega, 2009, 37 (3): 646-658.

[30] Bendoly E. Integrated inventory pooling for firms servicing both on-line and store demand [J]. Computers & Operations Research, 2004, 31 (9): 1465-1480.

[31] Bendoly E, Blocher D, Bretthauer K M, et al. Service and cost benefits through clicks-and-mortar integration: implications for the centralization/decentralization debate [J]. European Journal of Operational Research, 2007, 180(1): 426-442.

[32] Mahar S, Bretthauer K M, Venkataramanan M. The value of virtual pooling in dual sales channel supply chains [J]. European Journal of Operational Research, 2009, 192(2): 561-575.

[33] Mahar S, Salzarulo P A, Wright P D. Using online pickup site inclusion policies to manage demand in retail/E-tail organizations [J]. Computers & Operations Research, 2012, 39(5): 991-999.

[34] Gallino S, Moreno A. Integration of online and offline channels in retail: the impact of sharing reliable inventory availability information [J]. Management Science, 2014, 60(6): 1434-1451.

[35] Huang S, Liao B, Robb D J. Inventory management in A (Q, r) inventory model with two demand classes and flexible delivery [J]. International Journal of Innovation Computing, Information and Control, 2011, 7(3): 1243-1254.

[36] Wagner H M, Whitin T M. Dynamic version of the economic lot size

model[J]. Management Science, 1958, 5(1): 89-96.

[37]Manne A S. Programming of economic lot sizes [J]. Management Science, 1958, 4(2): 115-135.

[38]Hopp W J. Ten most influential papers of Management Science's first fifty Years [J]. Management Science, 2004, 50 (12-supplement): 1763-1763.

[39]Bahl H, Ritzman L, Gupta J. Determining lot sizes and resource requirements: a review [J]. Operations Research, 1987, 35 (3): 329-345.

[40]Karimi B, Fatemi Ghomi S, Wilson J. The capacitated lot sizing problem: a review of models and algorithms[J]. Omega, 2003, 31(5): 365-378.

[41]Brahimi N, Dauzère-Pérès S, Najid N M, et al. Single item lot sizing problems[J]. European Journal of Operational Research, 2006, 168 (1): 1-16.

[42]Jans R, Degraeve Z. Meta-heuristics for dynamic lot sizing: a review and comparison of solution approaches [J]. European Journal of Operational Research, 2007, 177(3): 1855-1875.

[43]Zangwill W I. A backlogging model and a multi-echelon model of a dynamic economic lot size production system—a network approach[J]. Management Science, 1969, 15(9): 506-527.

[44]Krarup J, Bilde O. Plant location, set covering and economic lot size: an O(mn)-algorithm for structured problems//Numerische Methoden bei Optimierungsaufgaben Band 3[M]. Basel, Birkhäuser Basel, 1977: 155-180.

[45]Silver E A, Meal H. A heuristic for selecting lot size quantities for the case of a deterministic time-varying demand rate and discrete opportunities for replenishment [J]. Production and Inventory

Management, 1973, 14(2): 64-74.

[46] Federgruen A, Tzur M. A simple forward algorithm to solve general dynamic lot sizing models with n periods in $O(n\log n)$ or $O(n)$ time [J]. Management Science, 1991, 37(8): 909-925.

[47] Wagelmans A, Van Hoesel S, Kolen A. Economic lot sizing: an $O(n\log n)$ algorithm that runs in linear time in the Wagner-Whitin case [J]. Operations Research, 1992, 40(1-supplement-1): S145-S156.

[48] Aggarwal A, Park J K. Improved algorithms for economic lot size problems[J]. Operations Research, 1993, 41(3): 549-571.

[49] Zangwill W I. A deterministic multi-period production scheduling model with backlogging[J]. Management Science, 1966, 13(1): 105-119.

[50] Florian M, Klein M. Deterministic production planning with concave costs and capacity constraints[J]. Management Science, 1971, 18(1): 12-20.

[51] Love S F. Bounded production and inventory models with piecewise concave costs[J]. Management Science, 1973, 20(3): 313-318.

[52] Bitran G R, Yanasse H H. Computational complexity of the capacitated lot size problem[J]. Management Science, 1982, 28(10): 1174-1186.

[53] Sandbothe R A, Thompson G L. A forward algorithm for the capacitated lot size model with stockouts[J]. Operations Research, 1990, 38(3): 474-486.

[54] Thomas J. Price-production decisions with deterministic demand[J]. Management Science, 1970, 16(11): 747-750.

[55] Kunreuther H, Schrage L. Joint pricing and inventory decisions for constant priced items [J]. Management Science, 1973, 19(7): 732-738.

[56] Baker K R. An experimental study of the effectiveness of rolling schedules in production planning[J]. Decision Sciences, 1977, 8(1):

19-27.

[57] Lee C Y, Çetinkaya S, Wagelmans A P. A dynamic lot-sizing model with demand time windows[J]. Management Science, 2001, 47(10): 1384-1395.

[58] Hsu V N. Dynamic economic lot size model with perishable inventory [J]. Management Science, 2000, 46(8): 1159-1169.

[59] Jaruphongsa W, Cetinkaya S, Lee C Y. A dynamic lot-sizing model with multi-mode replenishments: polynomial algorithms for special cases with dual and multiple modes [J]. IIE Transactions, 2005, 37 (5): 453-467.

[60] Loparic M, Pochet Y, Wolsey L A. The uncapacitated lot-sizing problem with sales and safety stocks[J]. Mathematical Programming, 2001, 89(3): 487-504.

[61] Absi N, Kedad-Sidhoum S. The multi-item capacitated lot-sizing problem with safety stocks and demand shortage costs[J]. Computers & Operations Research, 2009, 36(11): 2926-2936.

[62] Chand S, Sethi S P. A dynamic lot sizing model with learning in setups [J]. Operations Research, 1990, 38(4): 644-655.

[63] Florian M, Lenstra J K, Rinnooy Kan A. Deterministic production planning: algorithms and complexity[J]. Management Science, 1980, 26(7): 669-679.

[64] Dauzère-Pérès S, Brahimi N, Najid N, et al. The single-item lot sizing problem with time windows[R]. Technical Report 02/4/AUTO, Ecole des Mines de Nantes, France, 2002.

[65] Jaruphongsa W, Çetinkaya S, Lee C Y. A two-echelon inventory optimization model with demand time window considerations[J]. Journal of Global Optimization, 2004, 30(4): 347-366.

[66] Jaruphongsa W, Cetinkaya S, Lee C Y. Warehouse space capacity and

delivery time window considerations in dynamic lot-sizing for a simple supply chain[J]. International Journal of Production Economics, 2004, 92(2): 169-180.

[67] Hwang H C, Jaruphongsa W. Dynamic lot-sizing model for major and minor demands[J]. European Journal of Operational Research, 2008, 184(2): 711-724.

[68] Hwang H C, Jaruphongsa W. Dynamic lot-sizing model with demand time windows and speculative cost structure[J]. Operations Research Letters, 2006, 34(3): 251-256.

[69] Hwang H C. An efficient procedure for dynamic lot-sizing model with demand time windows[J]. Journal of Global Optimization, 2007, 37 (1): 11-26.

[70] Akbalik A, Penz B. Comparison of just-in-time and time window delivery policies for a single-item capacitated lot sizing problem[J]. International Journal of Production Research, 2011, 49 (9): 2567- 2585.

[71] Hellion B, Mangione F, Penz B. A polynomial time algorithm for the single-item lot sizing problem with capacities, minimum order quantities and dynamic time windows[J]. Operations Research Letters, 2014, 42 (8): 500-504.

[72] Wolsey L A. Lot-sizing with production and delivery time windows[J]. Mathematical Programming, 2006, 107(3): 471-489.

[73] Hwang H C. Dynamic lot-sizing model with production time windows [J]. Naval Research Logistics (NRL), 2007, 54(6): 692-701.

[74] Absi N, Kedad-Sidhoum S, Dauzère-Pérès S. Uncapacitated lot-sizing problem with production time windows, early productions, backlogs and lost sales[J]. International Journal of Production Research, 2011, 49 (9): 2551-2566.

[75] Brahimi N, Dauzère-Pérès S, Najid N M. Capacitated multi-item lot-sizing problems with time windows[J]. OperationsResearch, 2006, 54 (5): 951-967.

[76] Brahimi N, Dauzere-Peres S, Wolsey L A. Polyhedral and Lagrangian approaches for lot sizing with production time windows and setup times [J]. Computers & Operations Research, 2010, 37(1): 182-188.

[77] Pan T, Zhang Z H, Cao H. Collaborative production planning with production time windows and order splitting in make-to-order manufacturing[J]. Computers & Industrial Engineering, 2014, 67: 1-9.

[78] Van den Heuvel W, Wagelmans A P. Four equivalent lot-sizing models [J]. Operations Research Letters, 2008, 36(4): 465-470.

[79] Jaruphongsa W, ÇEtinkaya S, Lee C Y. Outbound shipment mode considerations for integrated inventory and delivery lot-sizing decisions [J]. Operations Research Letters, 2007, 35(6): 813-822.

[80] Toledo F M B, Shiguemoto A L. Lot-sizing problem with several production centers[J]. Pesquisa Operacional, 2005, 25(3): 479-492.

[81] Ekşioğlu S D. A primal-dual algorithm for the economic lot-sizing problem with multi-mode replenishment [J]. European Journal of Operational Research, 2009, 197(1): 93-101.

[82] Bai Q G, Xu J T. Optimal solutions for the economic lot-sizing problem with multiple suppliers and cost structures [J]. Journal of Applied Mathematics and Computing, 2011, 37(1-2): 331-345.

[83] Palak G, Ekşioğlu S D, Geunes J. Analyzing the impacts of carbon regulatory mechanisms on supplier and mode selection decisions: an application to a biofuel supply chain [J]. International Journal of Production Economics, 2014, 154: 198-216.

[84] Lee C Y. A solution to the multiple set-up problem with dynamic

demand[J]. IIE Transactions, 1989, 21(3): 266-270.

[85] Kaminsky P, Simchi-Levi D. Production and distribution lot sizing in a two stage supply chain [J]. IIE Transactions, 2003, 35 (11): 1065-1075.

[86] Lee C Y, Çetinkaya S, Jaruphongsa W. A dynamic model for inventory lot sizing and outbound shipment scheduling at a third-party warehouse [J]. Operations Research, 2003, 51(5): 735-747.

[87] Van Hoesel S, Romeijn H E, Morales D R, et al. Integrated lot sizing in serial supply chains with production capacities [J]. Management Science, 2005, 51(11): 1706-1719.

[88] Sargut F Z, Romeijn H E. Capacitated production and subcontracting in a serial supply chain [J]. IIE Transactions, 2007, 39 (11): 1031-1043.

[89] Harris F W. How many partsto make at once[J]. Factory, The Magazine of Management, 1913, 10(2): 135-136.

[90] Andres F M, Emmons H. Note-on the optimal packaging frequency of products jointly replenished[J]. Management Science, 1976, 22(10): 1165-1166.

[91] Goyal S K, Satir A T. Joint replenishment inventory control: deterministic and stochastic models [J]. European Journal of Operational Research, 1989, 38(1): 2-13.

[92] Arkin E, Joneja D, Roundy R. Computational complexity of uncapacitated multi-echelon production planning problems [J]. Operations Research Letters, 1989, 8(2): 61-66.

[93] Khouja M, Goyal S. A review of the joint replenishment problem literature: 1989—2005[J]. European Journal of Operational Research, 2008, 186(1): 1-16.

[94] Cronin M J. Amazon fast tracks transformation//Top down innovation

[M]. Switzerland: Springer International Publishing, 2014: 49-60.

[95] De Koster R, Le-Duc T, Roodbergen K J. Design and control of warehouse order picking: a literature review[J]. European Journal of Operational Research, 2007, 182(2): 481-501.

[96] Bell R, Choi J, Lodish L. What matters most in Internet retailing[J]. MIT Sloan Management Review, 2012, 54(1): 27-33.

[97] Gong Y, de Koster R. A polling-based dynamic order picking system for online retailers[J]. IIE Transaction, 2008, 40: 1070-1082.

[98] Randall T, Netessine S, Rudi N. An empirical examination of the decision to invest in fulfillment capabilities: a study of Internet retailers [J]. Management Science, 2006, 52(4): 567-580.

[99] Hariharan R, Zipkin P. Customer-order information, leadtimes, and inventories[J]. Management Science, 1995, 41(10): 1599-1607.

[100] Gallego G, Özer Ö. Integrating replenishment decisions with advance demand information [J]. Management Science, 2001, 47 (10): 1344-1360.

[101] Li C, Zhang F. Advance demand information, price discrimination, and preorder strategies [J]. Manufacturing & Service Operations Management, 2013, 15(1): 57-71.

[102] Huang T, Van Mieghem J A. Clickstream data and inventory management: model and empirical analysis [J]. Production and Operations Management, 2014, 23(3): 333-347.

[103] Graves S C. Using Lagrangean techniques to solve hierarchical production planning problems [J]. Management Science, 1982, 28 (3): 260-275.

[104] Özer Ö. Inventory management: information, coordination, and rationality//Planning production and inventories in the extended enterprise[M]. New York: Springer US, 2011: 321-365.

[105] Tan T, Güllü R, Erkip N. Modelling imperfect advance demand information and analysis of optimal inventory policies[J]. European Journal of Operational Research, 2007, 177(2): 897-923.

[106] Wang T, Toktay B L. Inventory management with advance demand information and flexible delivery[J]. Management Science, 2008, 54 (4): 716-732.

[107] Seifert R W, Thonemann U W, Sieke M A. Integrating direct and indirect sales channels under decentralized decision-making [J]. International Journal of Production Economics, 2006, 103 (1): 209- 229.

[108] Bretthauer K M, Mahar S, Venakataramanan M. Inventory and distribution strategies for retail/e-tail organizations[J]. Computers & Industrial Engineering, 2010, 58(1): 119-132.

[109] Hautaniemi P, Pirttilä T. The choice of replenishment policies in an MRP environment[J]. International Journal of Production Economics, 1999, 59(1): 85-92.

[110] Gunasekaran A, Marri H, McGaughey R, et al. E-commerce and its impact on operations management [J]. International Journal of Production Economics, 2002, 75(1): 185-197.

[111] De Bodt M A, Van Wassenhove L N, Gelders L F. Lot sizing and safety stock decisions in an MRP system with demand uncertainty[J]. Engineering Costs and Production Economics, 1982, 6: 67-75.

[112] Beck E. British grocer Tesco thrives filling web orders from its stores aisles[J]. The Wall Street Journal-Eastern Edition, 2000, 236(74): B1-B13.

[113] Prasad A, Stecke K E, Zhao X. Advance selling by a newsvendor retailer[J]. Production and Operations Management, 2011, 20(1): 129-142.

［114］Mesak H I, Zhang H, Pullis J M. On optimal service capacity allocation policy in an advance selling environment in continuous time ［J］. European Journal of Operational Research, 2010, 203 (2): 505-512.

［115］Wu K S, Ouyang L Y. A replenishment policy for deteriorating items with ramp type demand rate［J］. Proceedings of the National Science Council, Part A: Physical Science and Engineering, 2000, 24(4): 279-286.

［116］Mandal B, Pal A. Order level inventory system with ramp type demand rate for deteriorating items ［J］. Journal of interdisciplinary Mathematics, 1998, 1(1): 49-66.

［117］Deng P S, Lin R H J, Chu P. A note on the inventory models for deteriorating items with ramp type demand rate［J］. European Journal of Operational Research, 2007, 178(1): 112-120.

［118］Skouri K, Konstantaras I, Papachristos S, et al. Inventory models with ramp type demand rate, partial backlogging and Weibull deterioration rate［J］. European Journal of Operational Research, 2009, 192(1): 79-92.

［119］Kurawarwala A A, Matsuo H. Forecasting and inventory management of short life-cycle products［J］. Operations Research, 1996, 44 (1): 131-150.

［120］Zhu K, Thonemann U W. An adaptive forecasting algorithm and inventory policy for products with short life cycles［J］. Naval Research Logistics (NRL), 2004, 51(5): 633-653.

［121］徐贤浩, 余双琪. 短生命周期产品的三种库存模型的比较［J］. 管理科学学报, 2007, 10(4): 9-15.

［122］陈军, 但斌, 曹群辉, 等. 短保质期变质产品的两次订货策略研究［J］. 管理科学学报, 2009, 12(3).

[123]徐贤浩, 陈雯, 廖丽平, 等. 基于需求预测的短生命周期产品订货策略研究[J]. 管理科学学报, 2013, 16(4)：22-32.

[124]张源凯, 黄敏芳, 胡祥培. 网上超市订单分配与物流配送联合优化方法[J]. 系统工程学报, 2015, 30(002)：251-258.

[125]黄敏芳, 张源凯, 胡祥培. 有机蔬菜 B2C 直销的配送方案智能生成方法[J]. 系统工程学报, 2013, 28(5)：600-607.

[126]刘丽文, 王欣宇. 代发货环境下网络零售商的阈值库存分配策略[J]. 系统工程学报, 2008, 23(6)：650-658.

[127]Spiegel J R, McKenna M T, Lakshman G S, et al. Method and system for anticipatory package shipping[P]. U. S. Patent No. 8, 2012.

[128]万国华, 孙磊. 批量运输的二层供应链系统的生产和订购计划：模型与算法[J]. 系统管理学报, 2012, 21(6)：729-735.

[129]柏庆国, 徐健腾, 张玉忠. 基于多种运输渠道的经济批量问题的多项式时间算法[J]. 运筹学学报, 2010(3)：73-82.

[130]Zangwill W I. Minimum concave cost flows in certain networks[J]. Management Science, 1968, 14(7)：429-450.

[131]Solyali O, Denizel M, Süral H. Effective network formulations for lot sizing with backlogging in two-level serial supply chains[J]. IIE Transactions, 2016, 48(2)：146-157.